U0594119

72个装在心中的锦囊妙计

——方道◎编著

中国华侨出版社
·北京·

图书在版编目 (CIP) 数据

装在心中的 72 个锦囊妙计 / 方道编著 .—北京：
中国华侨出版社，2003．10（2025．4 重印）
ISBN 978-7-80120-748-7

Ⅰ．①装… Ⅱ．①方… Ⅲ．①谋略—中国—古代—通
俗读物 Ⅳ．① C934-49

中国版本图书馆 CIP 数据核字（2003）第 085376 号

装在心中的 72 个锦囊妙计

编　　著：方　道
责任编辑：唐崇杰
封面设计：胡椒书衣
经　　销：新华书店
开　　本：710 mm × 1000 mm　1/16 开　　印张：12　　字数：136 千字
印　　刷：三河市富华印刷包装有限公司
版　　次：2003 年 10 月第 1 版
印　　次：2025 年 4 月第 2 次印刷
书　　号：ISBN 978-7-80120-748-7
定　　价：49.80 元

中国华侨出版社　北京市朝阳区西坝河东里 77 号楼底商 5 号　邮编：100028
发 行 部：（010）64443051　　　　　　传　真：（010）64439708

如果发现印装质量问题，影响阅读，请与印刷厂联系调换。

　　大多数人最向往的一件事就是，能够有一条绝妙的计策在手中，把难以办成的事办成。是的，每个人做事都不一定顺手，有的会曲曲折折，费了九牛二虎之力，尚无好结果。当然也不排除，有些人神通广大，能力超强，一下就能做成事情。但前者毕竟是多数，后者必为少数。这样，"锦囊妙计"就显得很是珍贵了。

　　天下事都是人做出来的，什么样的想法，就可以导致什么样的行动，什么样的行动就可以引什么样的结果。一谈到做人办事，有些人不免长吁短叹，或以之为痛苦，或以之为苦恼。这只能说明你缺乏锦囊妙计，找不到解决问题的根本方法，所有的付出都是没有针对性的，岂能心想事成？

　　做人办事靠脑子，要把事情想得周密而细致，分析最难点和最易处，然后避重就轻，虚实结合，抓住时机，果敢出手。凡是如此者，可能有一两件事暂时做不成，但总会做得大成，做到让左右人叹为观止。反之，你可能就会由着性子来，想到哪儿做到哪儿，不计后果，这种"莽汉式"做事方法多半是撞大运，成败均在老天爷的照顾与否。

　　所谓"锦囊妙计"，即指做人办事之上上策，如果能够掌握它，就能点石成金，手到擒来，力挽狂澜。自然，锦囊妙计有很多，关键要看哪一条适应你，你驾驭起来更得心应手。

　　以下我们略作介绍：

　　天下大小事情，都自有其道理，如果不善于精明求变，则可能会走到绝路上去。毫无疑问，没有人想走绝路，不但不想走绝路，而且活路越多越赏心悦目。凡是善于谋算自己心事的人，拿手绝活就是精明求变，让自己全身灵活起来。这样做，一则可以让自己摆脱被动状态，给对手以不可捉摸之感，二则可以用反控制的计策，给对手设置难题，从而为自己争取主动。

借势而起之计，指靠外力而成事。我们知道，不是每一件事都是你想做就能做成的，有时你越想做成反而越做不成。原因之一是你还没有足以控制它的能力，二是你还不能摸清它的特点。聪明人能够在"借"字上下功夫，积极主动地去寻找"跳板"，力图凭此跃起，达到自己想要的高度。在实际个案中，一个善于借势的人，总能以最小的付出获得最大的回报。

做任何事，都力戒莽撞，应多摸透对方心思之后再行动，这样可以增加成功率。怎样做到这一点呢？首先要把自己变成一个"侦察专家"，多方面看、走、问、想，运用排除法，把对方的信息过滤一遍，最重要的留下来，然后再反复验证几遍，即可。与对手较量，这种"摸透心思术"极为重要——是知根知底的唯一手法。

忽明忽暗，闪烁不定，这是一种灯火阑珊的感觉。做人办事也存在这种现象。你可明，也可暗，你可暗，也可明，关键要看你心中何所思。通常看来，"包裹术"常给人造成一种深不可测之感，其中隐含着许多忽明忽暗的道理，可让人随时变被动为主动，从而起到"翻盘"作用。

矛和盾的相应关系，简单明了。人与人之间不可能完全透明，总存在一些隔膜，甚至是一堵墙。这必然会导致防身术。防身即防心，防心即防人。在这个世界上，小人是可怕的，他们虽然不能"下猛料，"但能以"软功夫"伤人。只要你提防住此类人，至少就解决了防人的大部分问题。

可以看到，各种锦囊妙计，历数不尽，但大体则常有。本书的切入点就是"锦囊妙计"四字，力图从比较新的角度去分析做人办事时隐藏的种种学问。希望明眼者鉴之。

目 录
contents

第三　借势

比努力更重要的，是知道借力而起

第四　守弱

拒绝任意拿捏，别让没有锐刺害了你

第五　进退

取舍得当，能屈能伸大事可成

第六　揣度

看懂人性法则，做事用巧劲

第七　硬控

摆脱无力感，拿回局面主动权

第八　虚实

在虚实切换之中，完成逆风翻盘

第九 持重

不徐不疾，耐住心性然后稳赢

第十 寻机

事无常态临机变通，因势利导者胜

第十一　后手

持道御术，在别人的套路中反套路

第十二　协和

把握相处的底层逻辑，打造高级关系

第一 权变

在不确定的世界里，做出正确选择

不变之变，可以挡万变

明白话

　　天下最厉害的一招是"不变之变"。大家知道，以不变应万变，是一种做人办事之道，这样做的好处是你只要静观其变，就能知对方之心思，可以临事不乱，沉着应对，处置得宜，以防不测。凡是成大事者，均有以不变挡万变的功夫。

　　金朝末年，蒙古军时犯金境，不断取得胜利。金军阵地连连失守，战线节节败退。金宣宗只得向蒙古求和，但是蒙古兵的进攻并没有停止，与此同时，金宣宗遣军进攻宋国，结果也以失败而告终。金朝两面受敌，形势不利。

　　可是，偏在此时宣宗病重，卧床不起，朝内大事，乱作一团。人心不安，政局不稳，特别是他的长子完颜守纯，一直内心怀怨。按理，他是长子，应该立为皇太子，他应该继承皇位。可是实际上，宣宗却于1216年，立第三子完颜守绪为皇太子。当时，完颜守绪18岁。为这件事，长子完颜守纯和三子完颜守绪之间不和，守纯的母亲贵妃庞氏和前朝资明夫人郑氏之间也不和。现在，宣宗病重，对守纯和庞夫人来说，正是兴兵举事，以乱取胜，夺取政权的好机会。他们憎恨皇上将皇位传给守绪，巴不得皇上快死。

宣宗病重期间，宫中人都很焦急，大家经常来探望。郑夫人年岁已高，但稳健沉着，整日侍护在宣宗室内，深得宣宗信赖。

一日暮夜，来探望的大臣们都离去了，只有郑夫人留在室内，看护着宣宗。不一会儿，宣宗自知不妙，便对郑夫人说："速召太子，举后事！"郑夫人连连点头。宣宗说完便不省人事，很快就离开了人世。郑夫人很镇静，只流了几滴眼泪，并没有放声大哭，也没有大声呼唤他人。她有自己的考虑：宣宗既死不能复生，哭也没有用；守纯、守绪都是宣宗的儿子，过早地让他们知道宣宗逝世的信息，他们肯定为争夺皇位而发生政变，况且，守纯夺位之心，已有所知。宫中内乱将必不可免。国家正处在危急时刻，宫中再起内乱，那江山必丢无疑。所以，当务之急是要稳住宫中，稳定人心。其主要办法便是确保守绪的皇位，杜绝守纯的叛乱。

于是，郑夫人便装得若无其事，将宣宗去世的消息封锁起来。夜里，皇后及贵妃庞氏一起来寝阁问安。郑夫人冷静沉着，便灵机一动对庞氏说："皇上正在更衣，不便进去。后妃不如先在外室小憩等候。"庞氏信以为真，便走进了外间。郑氏夫人立即将外间门锁上。庞氏恍然大悟，知道上当，但悔之晚矣。郑夫人立即召集大臣，宣布皇上驾崩的消息，宣告皇帝遗诏，立皇太子守绪。大臣知道皇上去世，心情沉重，但知道诏立守绪皇太子，心情又觉舒坦，便纷纷告退。这时，郑夫人才用钥匙打开外间门，放出庞氏。庞氏气愤之至，但大局已定，她已无能为力了。

太子闻讯入宫时，守纯却已先到。守绪怕有他变，便先发制人，先下手把守纯看管起来，不让他随便行动。守纯本想等守绪进宫后行刺举事，没想到守绪却先行一步，使其计划全部破产。庞氏和守纯被抓，其他的人再也不敢乱动了。一场将要爆发的内乱，在郑夫人的机智应变之下，巧妙地平息了。完颜守绪正式成为了金朝的最后一个皇帝，是年为公元 1223 年。他在位 11 年，指挥作战，打了不少胜仗，但 1232 年大败于蒙古军，1234 年自缢死，金朝就此灭亡了。谥号金哀宗。

所谓善处者，即遇非常之事要善于冷静处理，权衡利弊不能感情用事，招致被动。此处亦以妇人之例说明。

唐朝末年，黄巢起义声势浩大，不久便入据长安，唐朝政权岌岌可危。沙陀部队李克用因一目失明，时人称为"独眼龙"。

他与其父朱邪赤心（因他镇压起义有功，被赐姓李，名国昌）一起，参与镇压黄巢起义。公元 884 年，他引军渡河，大败黄巢军于中牟（今河南中牟），使起义军从此一蹶不振。后来便长期割据河东，与占据汴州（今河南开封市）的朱全忠（后梁的创立者）对峙，连年战争。死后，其子李存勖建后唐，尊他为太祖。李克用的夫人刘氏，是一位有智有谋的巾帼英雄，不是等闲之辈。可以说，李克用的成功，得力于他夫人刘氏的帮助。

李克用奉命带兵讨伐叛逆者，以救东路诸侯。正当李克用整装待发之时，朱全忠与杨彦洪共同谋变，倒戈攻击李克用。李克用措手不及，没与其硬战，便仓皇逃去，心里好不自在，气得发狂。朱全忠很狡诈，眼看李克用逃去，谋杀不成，便灵机一动，将杨彦洪射杀，掩人耳目，隐藏自己叛变的真面目。但李克用并没有改变看法，他边逃跑边咒骂朱全忠，发誓要亲手杀了朱全忠。

李克用部下有人逃回，禀报李克用妻子刘氏夫人。刘夫人听了心里很是震惊，但她表面上却很镇静，神色不动，若无其事，并下令将那报告朱全忠叛变的人立即斩杀。她想，让更多的人知道此事，府内肯定乱作一团，说不定还会有人响应举兵叛变。那样，情况更糟，局面就没法收拾了。所以，自己不能惊慌，不能失去信心和自制，同时要封锁消息，要保持府中原有的安静，报信的人是信息源，当然应该将他们斩杀。不久，李克用怒发冲冠地回来了。刘夫人仍保持镇静。李克用发誓再集中兵力，讨伐朱全忠，以解心恨。可是，刘夫人却不同意，她说："你此次带兵伐叛是为国讨贼，以救东路诸侯之急，并不是为了你个人的怨仇。现在，汴州人朱全忠叛变要谋害你，你当然很气愤，我也十分生气。我也觉得他该伐该杀。可是，如果你真的带兵去攻伐他，你的任务就完成不了，而且也改变了事情的性质，变国家大事为个人怨仇小事。我认为，朱全忠叛变的事，你应该上诉朝廷。由朝廷兴兵讨伐他。岂不是更好？"李克用听了夫人这番话，茅塞顿开，怒火顿消，便听从了夫人的意见，不再结兵攻朱全忠了。但他还是给朱全忠写了封信，责备他谋反，大逆不道。可朱全忠却回信说："前夕之变，我并不知道，朝廷曾派使者来与杨彦洪共同谋事，必是他图谋不轨，发动兵变。现在，杨彦洪已经伏法，死有余辜，请你谅察。"把自己的责任推卸得一干二净。

　　刘氏夫人对这件事的处理是很有分寸的，有理有节。以大局为重，果断应变，沉着不慌。倘若李克用不听刘氏夫人的话，或者刘氏夫人不贤惠，怂恿李克用发兵讨伐朱全忠，其结果如何，谁胜谁负、谁是谁非也就很难说了。

锦囊妙计

1. 在处理事情时，以不变之变，去面对它，不失为一种巧智。

2. 在某些万般复杂的情况下，须用此计静观其变，以求应对。

因时而定，不可行时则行变

明白话

　　当遇到"障碍"时，不可行则变是硬道理，因为如果你不变，则会遭受更大的打击和挫折，变则可以柳暗花明，找到冲破障碍的突破点。

　　处事应当机立断，有时一变则通。雍正用人从不墨守成规，他有几句座右铭：不可行则变；因时而定；因人而定；因事而定。这也成了他操纵胜局的高明法术。

　　常言说："只有大乱才能大治"，当朝政出现危机，内部混乱、人心骚动时，许多的投机钻营者"江山易改，本性难移"，纷纷显现出了本来面目。雍正看到了这些，他极需要从中揪出一两个反面典型，杀一儆百，惩前毖后。于是年羹尧、隆科多不幸撞到了刀刃上，雍正也正好借此机会在除去心腹大患的同时，警示大臣们要有所收敛，不要故步自封、无法无天了。

　　然而，要想尽快扳倒自己亲手树立起来的模范典型，使之威风扫地、永不翻身却非易事，加之年羹尧久居重位，根深蒂固，党羽颇多，所以要将他打倒确实需要花费一些心计。俗话说，"请神容易送神难"，从某种程度上说，推翻自己一手提拔的人才比当初提拔笼络时还要难。雍正对此也须谨小慎微、见机行事才好，他可以传旨轻松地将年羹尧给免了、杀了，但那样未免过于草率，非但难以服众，反而会招致祸端。对此，雍正大帝的做法是：联络众大臣造就声势，暗示年羹尧的部下挺身而出，予以检举揭发，引蛇出洞，使其势力逐步削弱，而后将其慢慢地引向自己设计的陷阱之中。

怎样才能真正地孤立年羹尧，经过深思熟虑后雍正使出了一个撒手锏，就是保护甚至是提拔年弹劾的官员，使其为我所用，进而让他们倒戈年羹尧，使年陷于四面楚歌八方围困的不利境地，到那时，即可以不费吹灰之力，使年羹尧不战自败。

此前，年羹尧为了达到扩充自己势力的目的，不断地排斥异己，把那些不太听话的官员通过别人进行弹劾，比如他指使甘肃巡抚胡期恒上奏弹劾陕西驿道金南瑛。但雍正心明眼亮，硬是将此弹劾给顶了回去，使年羹尧的阴谋没有得逞。不久，四川巡抚蔡廷也被年参奏，这是一个经刑部审议后应当判斩的案例，但雍正却对此不以为然，甚至公开召见蔡廷，对他进行宽慰，完全没有治罪的意思，蔡廷也就顺水推舟表达了自己对年羹尧的不满。雍正看到蔡廷对自己有用，便力排众议，提拔蔡廷为左都御史。

为了找到打击年羹尧的证据，雍正可谓煞费苦心，他常常抓住一点不放，小题大做，将一悠悠小事上线上纲，使年羹尧陷入进退两难的尴尬境地。比如雍正三年二月，出现了所谓"日月合璧，五星连珠"的祥瑞嘉兆，朝内百官都纷纷向雍正上书表示祝贺，年羹尧也不想错过这个拍马屁的机会，于是上书颂扬雍正朝乾夕惕，励精图治，但他一不留神将"朝乾夕惕"误写成了"夕惕朝乾"，这显然是年的失误，但也不至于闹到兴师问罪的地步，可雍正却抓住不放，放言说年羹尧别有用心，图谋不轨。他"不欲以'朝乾夕惕'四字归之于朕耳"。既然如此，雍正便借题发挥："年羹尧青海之功，朕亦在许与不许之间未定也。"并说由此可以看出："年羹尧自持己功，显露其不敬之意，其谬误之处断非无心。"这就使得年羹尧哑巴吃黄连，有苦说不清了。

为了防止年羹尧拥兵叛乱，雍正采用了拆散其党羽的做法，全面更换川陕官员，同时还私下暗查年的属下，决心将年的同党一网打尽。雍正还就年羹尧的问题让一些不知底细的人表态，引蛇出洞——这一招果然厉害，一些对年赞赏的人自投罗网，河南省河北镇总兵纪成斌在对年表态的问题上优柔寡断，他居然考虑观望了两个多月，才真正明白了雍正的意图，于是他赶紧表明立场，声称年羹尧是个背恩负国之人。雍正就是用这种刚柔并济的手法迫使一些官员与年羹尧分庭抗礼。

做一件事情一旦时机成熟，就应该抓住机遇，当断则断，切不可犹疑不决，以致错过了大好时机。看准整治年羹尧的火候已到，雍正便迅速下诏命年交出大将军印，调虎离山，以防后患。

在降年羹尧为浙江杭州将军时，雍正大帝在年羹尧谢恩的折子上写下了含意颇为深远的一段话。这段话是这样说的："朕闻得早有谣言云，帝出三江口，嘉湖作战场之语。朕今用你此任，你亦奏过浙省之论，朕想你若自称帝号，乃天定数也，朕亦难挽；若你自不肯为，有你统朕此数千兵，你断不容三江口令人称帝也。此二语不知你曾闻得否？再你明白回奏二本，朕览之实实心寒之极，看此光景，你并不知感悔。上苍在上，朕若负你，天诛地灭，你若负朕，不知上苍如何发落你也。"

雍正对年的惩治到了收尾阶段，他开始号召官员们揭发年羹尧的罪名。墙倒众人推，一时间揭发年的材料满天飞，雍正还将这些材料示与年羹尧，还伤口撒盐地让其看后回奏，从而彻底地摧垮了年羹尧的心理防线。

雍正在众多奏折中为年羹尧总结出了五大罪状。这些罪状基本上都是年本人放纵过度，自取灭亡的必然结果，这五条罪状是：

一、目中无人，作威作福。

二、拉帮结派，任人唯亲。

三、收贿卖官，贪污腐败。

四、巧立名目，大发不义之财。

五、钩心斗角，争权夺利。

将年羹尧的罪名搜集齐全后，雍正大帝并没有马上对他打击，而是先从他的亲信和党羽的身上作为突破口。

第一个被雍正开刀的是年羹尧的儿子，大理寺少卿年富、副都统年兴、骁骑校年逾等，他们都被削职处理。接着，与年羹尧有牵连的人也一个个被揪出来打击惩治，年的党羽被雍正撒下的网一一捕获。附庸在年羹尧这棵大树上的猕猴都纷纷散去了，只留下了这棵摇摇欲倒的大树。

时机已经成熟，雍正大帝即行快刀斩乱麻。他先是让众臣表态如何处置年羹尧，然后以群臣请求的名义逮捕年羹尧。为了置年羹尧于死地，除了大臣们揭批年的九十二条大罪外，雍正大帝还特意罗织了年的第一大罪：图谋不轨欲夺皇位。最后，雍正念年平定青海有功，遂施恩令其自裁。可见，不可行则变，是雍正琢磨再三的天机。

锦囊妙计

1. 雍正凭自己的智慧，善于抓住时机，及时应变，把大难题变为小问题，这是他的果敢之处。

2. 在生活中，难题和问题并不多，关键在于你要有"不可行则变"的果敢性，并一定要落实到行动中去。

在变数之中抓住问题的本质

　　计策是世界上最值钱的东西，它可以把不可能变为可能，把可能变得更好。没有大小计策，有些问题是难以解决的。自古以来，计策是成大事的基础，特别是对于精明善变者，更是什么时候都以擅长计策为强项。这就是说，不管怎样，精明善变者敢于以计制计，在各种计策中较量胆识和经验。我们知道，计有大小之分。善于用计者，总是以大变之计制小变之计，从而获得胜局。

　　蜀后主建兴十二年（公元234年），诸葛亮领兵34万伐魏，分5路进军，六出祁山。魏明帝曹叡闻报，命司马懿为大都督，领兵40万至渭水之滨迎战。

　　诸葛亮与司马懿可谓是沙场老对手了，双方都知道对方兵法娴熟，足智多谋，不好对付。所以战前各自都做了周密部署，严阵以待。诸葛亮在祁山选择有利地形，分设左、右、前、后、中5个大营，并从斜谷到剑阁一线接连扎下14个大营，分屯军马，前后接应，以防不测。司马懿则屯大军于渭水之北，同时在水上架起9座浮桥，命先锋夏侯霸、夏侯威领兵5万渡河至渭水南岸扎营，又在大营后方的东原，筑城驻军，进可攻，退可守，稳扎稳打，务使魏军立于不败之地。

　　司马懿受命离开魏都时，曾受曹叡手诏："卿到渭滨，宜坚壁固守，勿与交锋。蜀兵不得志，必诈退诱敌，卿慎勿追。待彼粮尽，必将自走，然后乘虚攻之，则取胜不难，亦免军马疲劳之苦。"

所以在经过两次规模不大的交锋，双方互有胜负之后，魏军便深沟高垒，坚守不出。

由于蜀军劳师远来，粮草供应颇为困难，因而利于速战；而魏军以逸待劳，利于坚守。因而诸葛亮的主要策略目标，就是要诱敌出战，调虎离山，速战速决。然而司马懿老谋深算，素以沉着、谨慎、稳重著称，加上有魏明帝临行手诏，也不必担心那些急于求功的部将鼓噪攻讦。

在这种情况下，要调动司马懿这只"老虎"离山，谈何容易！然而再狡猾的狐狸，也斗不过好猎手。司马懿这只擅长谋略，经验丰富的"深山之虎"，终究被诸葛亮调出来了，还险些丢了性命。那么，诸葛亮究竟使了什么样的奇招，使司马懿这只老狐狸也难免上当呢？

诸葛亮深知，己方最根本的弱点是远离后方，粮草供应困难；同时他也深知司马懿正是看准了自己这一弱点，并利用这点做文章，期待并设法使蜀军断粮，从而将蜀军困死或逼蜀军撤退，然后乘机取胜。

于是诸葛亮便将计就计，也在粮草供给问题上做文章、设诱饵，以此引司马懿这只"虎"离山。措施之一是分兵屯田，与当地老百姓结合就地生产粮食，以供军需，摆出一副打持久战的架势。这就等于宣示司马懿：你不急，我也不急；若是我不急，看你还急不急。

果然司马懿的长子司马师沉不住气了，对其父司马懿说："现在蜀兵以屯田作持久战的打算，如此下去，如何是了？何不约孔明大战一场，一决雌雄！"司马懿口头上虽说，"我奉旨坚守，不可轻动"，心里其实也很着急。

诸葛亮的另一个措施，是自绘图样，令工匠造木牛流马，长途运粮，据传这东西很好使，"宛如活者一般，上山下岭，各尽其便"，蜀营粮草由木牛流马源源不断从剑阁运抵祁山大寨。

司马懿闻报大惊道:"吾所以坚守不出者,为彼粮草不能接济,欲待其自毙耳。今用此法,必为久远之计,不思退矣。如之奈何?"

诸葛亮看出了司马懿急于破坏蜀军屯田、运粮、屯粮计划的心情,于是进一步利用这一点引他上钩。办法是:一方面在大营外造木栅,营内掘深坑,堆干柴,而在营外周围的山上虚搭窝铺草营造成蜀兵分散结营,与百姓共同屯田屯粮,而大营空虚的假象,引诱魏军前来劫营;另一方面在上方谷内两边的山坡上虚置许多屯粮草屋,内设伏兵,同时让军士驱动木牛流马,伪装往来谷口运粮。而诸葛亮自己则离开大营,引一支军马在上方谷附近安营,以引诱司马懿亲领精兵来上方谷烧粮。

而司马懿呢?他虽烧粮心切,却又极为谨慎小心,深恐中了诸葛亮调虎离山的诡计。于是便也使了个声东击西、调虎离山计来应战。他亲领魏兵去劫蜀兵祁山大营,却一反过去每战必让主攻部队走在前面的惯例,让手下的部将冲锋在前,直扑蜀营,自己反而在后引援军接应。他这样做,一则是担心蜀营有准备,怕中了埋伏;二是他指挥魏军劫蜀军大营本属佯攻,目的是调动蜀军各营主力,甚至诸葛亮本人领军前来营救,而他却自领精兵奇袭上方谷,烧掉蜀方的粮草。然而,司马懿的这个调虎离山计,却未能跳出"如来佛的手心"。

诸葛亮早料到司马懿这一招。因而当魏军直扑蜀军大营时,诸葛亮只是事先安排蜀军四处奔走呐喊,虚张声势,装作各路兵马都齐来援救的态势,而诸葛亮却趁司马懿这只"虎"已离山之机,另派一支精兵去夺了渭水南岸的魏营,自己却在上方谷等待司马懿来"烧粮",以便"瓮中捉鳖"。司马懿果然中计。他见四处蜀军都急急忙忙奔回大营救援,便趁机率领司马师、司马昭及一支亲兵杀奔上方谷来。接着又被蜀将魏延依诸葛亮的安排，用诈败的方法诱进谷中，截断谷口。一时山谷两旁火箭齐发，地雷突起，草房内干柴全都着火，烈焰冲天。

司马氏父子眼看就将葬身火海。亏得突来一场倾盆大雨，才救了司马氏父子 3 人及少数亲兵的性命。

锦囊妙计

1. 司马懿这只"虎"原本拿定了深沟高垒、坚守不出，决不离山的主意，结果却仍被诸葛亮调下了山；他原想用"调虎离山"计烧掉蜀军的粮草，想不到却反而中了诸葛亮的"调虎离山"计。这是在变数中将计就计的妙用。

2. 计外有计，天外有天，世事难测。变计的要点就在于不墨守成规，始终随着事务的发展方向，快速洞穿其本质。

第二 反制

高段位应对，有手段才不会被支配

读懂人心，才知道如何应对

明白话

做人办事必须有攻守转换之计，即通过"知己知彼"的方法，取得"百战不殆"的效果。《兵法·谋攻篇》说："知己知彼，百战不殆；不知彼而知己，一胜一负；不知彼，不知己，每战必殆。"

既了解敌人又了解自己，百战都不会失败；不了解敌人而只了解自己，胜败的可能各半；既不了解敌人，又不了解自己，必然每战必败。这里，孙子以简洁鲜明的语言，指明了掌握敌我双方情况，对战争胜负的重要意义，揭示了唯有心中有数，方能永远立于不败之地的成功规律。

三国时期，刘备三顾茅庐，请得诸葛亮出山。诸葛亮为刘备认真分析了竞争对手的情况，他指出：在当时的割据军阀中，曹操已"拥有百万之众，挟天子以令诸侯"，力量最为强大，刘备暂时还无法与之争锋；"孙权据有江东，已历三世，国险而民附，贤能为之用"，只能联合而不能谋取。可以夺取的战略据点，只有荆、益二州。荆、益二州是用武之地，天府之国，更重要的是统治荆、益二州的刘表和刘璋，软弱无能，不得人心，完全可以取而代之。然后，诸葛亮为刘备提出完整的大略方针：占领荆、益二州，作为立足之地；然后，"西和诸戎，南抚夷越"，妥善处理好同少数民族的关系;"外结好孙权,内修政理",搞好内政外交,发展实力;待时机成熟,就从荆、益二州兵分两路,进取中原,统一全国。这就是著名的《隆中对》的内容。刘备对诸葛亮的谋划大为赞赏,拜请他照此办理。后来的历史进程证明,诸葛亮对敌我双方特别是竞争对手的分析,是正确的。刘备的政治生涯,正是遵循这一路子取得发展的。

只要做到"知己知彼",就会做到百战无不利。《三国演义》中诸葛亮的锦囊妙计正说明了这个问题。当时赤壁之战,孙、刘联合抗曹,大破曹军,暂时解除了北方的威胁。之后,孙、刘之间开始了荆州的争夺。

当时,刘备中年丧偶,失去了甘夫人。周瑜得悉这一消息,便向孙权献上一计,派人前往荆州向刘备说媒,假意将孙权之妹嫁给刘备,然后骗刘备至东吴招亲,扣为人质,逼还荆州。孙权派吕范前往提亲,刘备"怀疑未决"。但诸葛亮胸有成竹,料知东吴之谋,让刘备答允这门亲事,而且会使"吴侯之妹,又属于公;荆州万无一失"。然后,诸葛亮坐镇荆州,令勇将赵云带 500 兵士,保驾刘备招亲。临行前,诸葛亮授与赵云三个锦囊,并嘱咐赵云按囊中"三条妙计,依次而行"。赵云牢记军师嘱咐,依锦囊所授之计而行,使刘备东吴之行化险为夷,顺利招亲,得了"佳偶",而且安全返回荆州。使孙权、周瑜落得个"赔了夫人又折兵"的结局。

人们佩服诸葛亮料敌如神,计谋高超绝伦。其实,诸葛亮是在完全了解吴国君臣的心计情况下订立的妙计。首先识破"提亲"是骗局,便将计就计,大造舆论、声势,搞得沸沸扬扬,搞成既成事实,迫使孙、周哑巴吃黄连,只得弄假成真。

其次,他深知刘备戎马半生,丧偶又得佳丽,会沉溺安乐,"乐不思蜀";同时又深知孙、周会因此利用荣华安乐、声色犬马软禁刘备,因此设了第二条计。其三,他料定刘备逃出,孙、周绝不肯善罢甘休,会派兵追回刘备等人，因此设立了第三条计，让刘备请出孙夫人出来退兵。

　　刘备招亲过程中，刘备、赵云等人能够处处主动，步步占先，就在于有诸葛亮的三条锦囊妙计。诸葛亮之所以能在事情发生之前预先定下应付妙计，是由于他对事态的发展有着高度准确的预见。他这种先见之明，绝非来自主观臆断，而是来自对己方和彼方情况的深入了解以及对事态发展的符合逻辑的透彻分析。

锦囊妙计

　　1. 兵法上强调"知己知彼"，做人办事时同样如此——只有知道别人想什么，才知道自己干什么。

　　2. 人性是一个很复杂的东西，执着于人性的绝对善恶，都不是好事情。任何事情发生时，试着从利益的角度去解读一下人心，或许会让你收获颇丰。

知己知彼，相机行事

明白话

　　历代兵家，对因人制宜的研究最为到家。兵家所说，"怒而挠之"，"亲而离之"，"卑而骄之"就是一个证明："怒而挠之"，如果敌将性格暴躁，就故意挑逗、辱骂使之发怒，使之情绪受到扰乱不能理智地分析问题，盲目用兵，暴露破绽，进而相机歼灭；"亲而离之"，如果敌军上下亲密无间，情同手足，团结一心，那么，就要利用或制造矛盾，进行离间，使之离心离德，分崩离析，从组织上削弱敌人；"卑而骄之"，如果敌将力量强大，且骄傲轻敌，可以用恭维的言辞和丰厚的礼物示敌以弱，助长其骄傲情绪，等其弱点暴露以后，再出其不意地攻打他。

相传在宋朝时，有一年，北辽政权的八个侯王带领十万番兵进犯中原。辽兵在距边关十里处扎下营盘，随后派两名番兵到宋营下战书，这份战书只是一副对联的上联，说宋朝如有人对出下联，马上收兵，绝不食言。

宋营将士拆开战书，只见那上联写道："骑奇马，张长弓，琴瑟琵琶八大王，王均在上，单戈便战。"宋营将领相互传阅，无一能对。这时，地方上一位私塾先生听到了消息，星夜赶到宋营，写出了下联："伪为人，袭龙衣，魑魅魍魉四小鬼，鬼都在旁，合手即拿。"

答书送走之后，宋营将领对番兵八大王作了初步分析，从战书上可以觉察到他们目空一切，傲气十足。看到答书之后，一定恼羞成怒，自食其言，不但不会退兵，还可能来偷营劫寨。于是，做了充分准备，设下埋伏，并分兵攻打番营。番兵取回战书，主将一看，果然暴跳如雷，连夜偷袭宋营。最后，偷袭不成遭暗算，自己的营盘又被偷袭，进退无路，不战自溃，八大王有的阵亡，有的被擒。

这一故事，是因人制宜方略的成功范例。

元朝末年，各地农民起义军风起云涌。经过各地农民军，特别是北方红巾军的致命打击，元王朝气息奄奄，死日将近。这时，朱元璋已经羽翼丰满，并踌躇满志。但他的东西两面，各有一支劲旅，构成了巨大威胁。西面是张士诚，东面是陈友谅，陈友谅拥有江西、湖广之地，是当时疆土最广、军力最强的势力，他野心最大，早有吞并朱元璋之意。他还派人与张士诚联系，彼此联合，东西夹击朱元璋。朱元璋如何攻守呢？

关于攻守要诀，朱元璋的高参刘伯温在其《百战奇略》中，将它运用于战争，是指导战争的一条重要方针。刘伯温认为：

凡是作战中，所说的防守，是了解自己的结果。知道自己没有作战获胜的可能，那么我军就应该稳固防守，等待敌军出现破绽劣势的时候，再出击打败它，这样就没有不获胜的道理。兵法上说：知道作战不能获胜就应该全力防守。

西汉景帝时，吴楚等七个诸侯国反叛，景帝任命周亚夫为太尉，向东攻打吴楚七国叛军。周亚夫于是亲自上书景帝说："楚国兵马强悍，作战讲求轻灵快速，我军不可以与它正面交锋，希望利用梁国来牵制束缚楚军；然后断绝楚军运粮通道，最终就可以击败它。"景帝同意了这一作战计划。周亚夫率军出征，大兵在荥阳相会。这时吴军正在加紧攻打梁国，梁国局势万分紧急，派人向周亚夫求救。周亚夫率军向东北方推进，进驻到昌邑，然后便修筑坚固的防御工事，在此坚守不出。梁王派使者催促周亚夫尽快出战，周亚夫却依然如故，坚守不出，断然拒绝派兵救梁国。梁王上书给景帝说明了这一情况，景帝下诏命令周亚夫尽快派兵救梁国的危急，但是周亚夫对皇命置若罔闻，仍旧按兵不动。周亚夫坚守不出的同时，却偷偷派出高侯等将率轻骑兵出其不意地奔袭到吴楚军的背后，断绝吴楚军运粮的通道。吴楚兵没有了军粮，饥肠辘辘，便想退军，多次前来挑战，汉军却始终不出战。一天夜里，周亚夫军营中突然发生大乱，汉军不明真相，自相残杀起来，混战之军打到周亚夫的大帐附近，但是周亚夫却镇定自若，躺在大帐中纹丝不动。没过多久，汉军明白真相，惊乱自然也就平息了。吴兵猛攻汉军东南角阵地，周亚夫却派兵加紧防卫西北方阵地。没多久吴兵果然猛攻汉军西北面阵地。由于汉军早有防备，吴军没有得逞。吴楚军士兵食不果腹，惊慌四起，不得不撤出战斗开始溃逃。于是周亚夫率精锐之师奋力追击，大败吴楚联军。吴王刘濞丢下大军不管，只带几千名士兵仓皇逃命，跑到江南丹徒固守下来，妄图负隅顽抗。汉军乘胜追击溃败之敌，全部俘虏了叛军，同时收复了所有叛国的郡县。周亚夫又下令声称"谁能抓住吴王刘濞，赏赐千金"。一个多月后，南方越人抓住刘濞并斩首，拿着刘濞的头来见汉军。周亚夫此次出兵，从守到攻，一共耗时七个月，而吴楚等国叛军全被扫平。

战争中的守绝非单纯意义上的被动防守，守的目的在于等待进攻之敌出现疏漏，而后乘机一击，反客为主。孙子在《孙子兵法·军形篇》中写道："不可胜者，守也；……善守者，藏于九地之下；……故能自保而全胜也。"说的是硬打不能取胜的，就要防守严密。善于防守的人，隐蔽自己的兵力如同深藏于极深的地下，只有这样，既能够保全自己，而又能夺取胜利。战争中的攻守转换，瞬息万变，顺则攻，逆则守，关键在于能否取得最终的胜利。刘伯温总结出知彼则攻，知己则守，是把《孙子兵法》又向纵深推进了一步，把攻守上升到知战的境界之上，充分表现出守战在战争中的重要地位。这种攻守思想对朱元璋夺取天下起了很大的作用。

朱元璋与群臣冷静地分析了竞争对手的情况，制定对策。他们认为：陈友谅傲气十足，张士诚气量狭小；傲气十足的人好生事，气量狭小的人没有远大抱负。假如先攻张士诚，那么，张军就会顽强坚守，东面的陈友谅必然倾全国之兵，围攻过来，处于腹背受敌的艰难境地。反之，先攻陈友谅，气量狭小、无大志向的张士诚肯定拥兵自保，静观其变。陈友谅孤立无援，必败无疑。陈友谅兵败，张士诚则成为囊中之物，伸手可得。

从这种分析出发，朱元璋首先与陈友谅在鄱阳湖摆开战场，张士诚果然袖手旁观。朱元璋以全力对付陈友谅，获得全胜。之后，朱元璋又发兵打败了张士诚，从此再也没有能与之抗衡的力量。朱元璋乘胜进军，向元统治中心大都进发，推翻元朝，建立明朝。

中外历史上那些懂得攻守之术的人们，一般都能够"知己知彼"。他们晓得自己的力量比较弱小，不足以与竞争对手力敌抗衡，只得隐藏大志，屈身示下，以求一退。越王勾践知道越国的力量抵不过吴国，不得不降一国君主的身份而为奴，卧薪尝胆，历尽艰辛；燕王朱棣（朱元璋之子）知道自己的力量还不足以与朝廷抗争，因此，学疯装傻，忍辱负重；身陷袁世凯软禁之中的蔡锷，知道自己在北京无一兵一卒，欲想倒袁必须出走，于是终日出没于烟花柳巷，耗费巨资置地买房，摆出一副不闻政治、胸无大志、沉溺酒色的样子，但他最后却揭竿而起，坚决讨袁。

锦囊妙计

1. 知己知彼的目的，在于胜彼，战胜竞争对手。为此，在知己知彼的基础上，就要根据对手的特点，因势利导，相机行事，即因人制宜。

2. 兵家的因人制宜之术，在其他社会竞争领域未必是全部适用的。但其冷静理智的处事精神，还是普遍通用的。无论在哪一个社会竞争领域，都应该依据竞争对手的心理特点，知己知彼，相机行事。

攻守转换，要有霹雳手段

明白话

在为人处事的过程中，如何才能让人心服口服呢？其绝招何在？不同的人有不同的答案，但有一点是可以肯定的。就是必须要有解决问题的眼光和能力，把攻守转换发挥到淋漓尽致的程度，让可用的人真心产生佩服感。

恩威并施者往往可获大胜。

明成祖朱棣虽然以武力起家，但他更重视用道德教化来稳固统治，他主张恩威并施，使人心服口服，从而获得大胜局面。

明太祖治理南方地区，虽有武功以定天下，文德以化远人和四海一定，以德化为本的思想，做了许多文治的工作，但晚年失之于急躁，如在鄂西急于废土司，留下了不少问题。成祖即位后，在首重北边的前提下，也解决了一些南方的治理问题。

沐氏镇云南，开始于洪武时沐英、沐春父子。沐春死后，其弟沐晟继续镇守云南。沐晟与封在昆明的岷王不和，成祖了解此矛盾后，徙封了岷王。沐晟请加兵讨车里（云南南部以景洪为中心的大片地方），成祖多次下敕文责沐晟政事烦扰，号令纷更，要求沐晟怀柔车里，不可轻易兴兵，注意云南民族地区的安定。

洪武时期，由于贵州的水西女土官奢香向往中原文化和太祖对贵州的招抚政策得当，奢香"开赤水之道，通龙场之驿"，贵州与外界的联系加强。成祖即位后，命熟悉贵州情况的大将镇远侯顾成守贵州。因顾成是一介武夫，成祖一再告诫他不可穷兵黩武，喜功好事，而应该老成持重，顺情而治。后因贵州思州、思南二田姓土司互相仇杀，禁之不止，成祖乃密令顾成携精干将校潜入，将二田姓土司擒拿，贵州改土归流的条件成熟。于是在永乐十一年（1413年）设置了贵州布政司，从此贵州作为一个省区成为明朝的组成部分。

镇守广西的韩观是行伍出身，因军功出任广西都指挥使多年。靖难期间，建文帝调韩观练兵德州，用以对付燕师。成祖即位后，丝毫不计较韩观的这段经历，仍任用韩观镇守广西，佩征南将军印节制广东、广西两个都司。韩观性凶狠、嗜杀，成祖赐玺书告诫韩观，强调以德抚广西，"杀之愈多愈不治"，"宜务德为本，毋专杀戮"。韩观却自恃老于桂事，陈兵耀威，号称"威震南中"。由于韩观抚用兵乏术，务德无方，杀戮太过，颇违成祖德化之意。但也应看到，在韩观镇守广西期间，广西境内较为安定，这客观上有利于广西经济的发展。

至于被太祖晚年因急躁处理而遗留的若干南方交通不便地区的民族问题，成祖均给以补救，在那些地方恢复土司设置，使之与朝廷关系正常化。如设置贵州西部的普安安抚司，恢复因吴面儿反抗而废去的古州、五开为中心湘黔交界处的湖耳等14个蛮夷长官司和鄂西、思州、九溪等土司。

上述事为明成祖之攻守转换之一，再看一例：

明朝洪武、永乐年间，社会经济恢复发展，造船工业规模扩大，分工细密，技术高超，传统的航海知识和经济大量积累，这些都为郑和远航提供了良好的条件。中国的丝绸、瓷器受到海外诸国青睐，海外的染料、香料、珠宝等又为中国所需求，这给了郑和下西洋发展海外贸易以有效的刺激。

永乐三年（1405）年，一支15世纪全世界无与伦比的庞大舰队，乘着强劲的东北季候风，浩浩荡荡离开了中国的东海岸，率先驶向了浩翰的太平洋，这就是明成祖派出的郑和第一次下西洋。

人们至今对郑和下西洋的目的猜测纷纭，或者说是毫无经济目的纯而又纯的政治大游行；或者说是国内经济发展的需要；或者说是为了寻找政敌，即不知所终的建文帝；或者说因为夺嫡"篡位"，国内人心不附，故锐意通海外，召至万国来朝并从而促进其在国内统治地位的稳固。

但是这全面体现了明成祖在更大范围内攻守转换。

总之，明成祖攻守转换之计是以心中之数为基础的，表现在：一治内防外：明成祖朱棣是明朝的第三代君主。明朝江山虽然由明太祖朱元璋励精图治，但依然满目疮痍，经济尚未复苏，统治集团内部危机四伏，边疆民族动乱时有发生等等，所有这些，对明成祖都是一个严峻的考验。事实证明，明成祖不愧为一代名君，他迅速地操纵了明初的残局，并且屡屡推出重大举措，如修万里长城、委派郑和下西洋等等，均在历史上留下深远的影响。

二是用人做事：如果深入考察明成祖的攻守转换智慧和方略，不难看出明成祖有一个最突出的特点，也就是看准大才的力量，也盯准小人的伎俩，把"大才"与"小人"区分开来。明成祖深知操纵攻守转换需要大才，因此千方百计寻找大才，并对大才委以重任，从而最大限度地发挥了关键人才和重要人才的作用。

锦囊妙计

1. 很多人对于"心中有数"这个词只知其表，而不知其里，它实则是一个人成大事的基础，是攻守转换之始。

2. 通过明成祖之例可以发现，想大事、成大事都必须有心数在身、有招数在手。

第三 借势

比努力更重要的，是知道借力而起

事急从权，有力则借

明白话

　　一个善借者，总能在没有条件的时候，创造条件，在有条件的时候利用条件。这是本事。对于这些人来讲，做任何事情，都应当巧借他人之力，缓己燃眉之急。这是成功的关键。

　　唐高祖李渊西进关中时，除了正面的隋军外，还存在着左侧东都洛阳附近李密的威胁。

　　但他找到一条神秘的借人之道！

　　李密是西魏人大柱国之一李弼的后裔，袭爵蒲山公，长期受隋朝廷的排挤。曾因参与杨玄感起兵被捕，逃脱后，投奔翟让领导的瓦岗军。在扩大起义军武装，出谋划策连败隋军，击毙隋将张须陀等方面，李密做出了贡献，提高了名望，野心也随之暴露出来。不久之后，他谋害了瓦岗军的农民领袖翟让，窃取了义军的领导权，掌握了全部军队。

　　此时的瓦岗军，已发展到几十万人，"并齐济间渔猎之手，善用长枪"，而且已获取了隋王朝大批的良马，装备精良，同时又据有了洛阳周围的几个大粮仓，粮饷充足，成为中原地区乃至全国实力最强、影响最大的一支力量。

李密与李渊相比，贵族身份相仿，虽然政治地位不如李渊，但此时的实力却大大超过了李渊，也有西入关中，夺取全国最高封建统治政权的欲望。所以李渊进军关中，顾忌左右的李密是必然的。为此，李渊在进军途中就致书李密，要求联和。李密自恃兵强势盛，便以欲为盟主的身份，派人给李渊送去复信，书信中说："与兄派流虽异，根系本同。自惟虚薄，为四海英雄共推盟主。所望左提右挈，勠力同心，执子婴于咸阳，殪商辛于牧野，岂不盛哉！"并要求李渊亲率步骑数千到河内，面议并缔结盟约。

李密在信中以盟主自居，力图在政治上先声夺人，居于优势地位，李渊岂能识别不出？但由于形势所迫，不允许他与李密一论高低。当务之急是设法稳住李密，使其牵制东部隋军，对他抢先占据关中，稳固自己的地位，促使国中政治形势发生深刻的变化，都是极为有利的。正像他收到李密书信后笑着所说的那样："密妄自矜大，非折简可致。吾方有事关中，若遽绝之，伎是更生一敌，不如卑辞推奖以骄其志，使为我塞成皋之道，缀东部之兵，我得专意西征。俟关中平定，据险养威，徐观鹬蚌之势以收渔人之功，未为晚也。"

出于此种策略，李渊便毫不犹豫地决定暂时承认李密为盟主。为骄李密之志，故意"卑辞推奖"，令记室温大雅给李密复信说："吾虽庸劣，幸承余绪，出为八使，入典六屯，颠而不扶，通贤所责。所以大会义兵，和亲北狄，共匡天下，志在尊隋。天生烝民，必有司牧，当今为牧，非子而谁！老夫年逾知命，愿不及此。所戴大弟，攀鳞附翼，惟弟早膺图，以宁兆民！宗盟之长，属籍见容，复封于唐，斯荣足矣。殪商辛于牧野，所不忍言；执子婴于咸阳，未敢闻命。汾晋左右，尚须安揖；盟津之会，未暇卜期。"

在信中，李渊一方面吹捧李密，称他为当今天下救世主；一方面自称年老力衰，将来若能得封于唐，已很满足了。借此来掩盖自己的政治欲望，然后又以安揖汾晋地区为借口，隐蔽自己抢先进入关中的意图，并婉言谢绝去河内郡会盟。这样一封假情假意，并且弦外有音的信，却使"密得书甚喜，以示将佐曰：'唐公见推，天下不足定矣！'自是信使往来不绝"。

自此李密专意集中兵力对付隋军和王世充的军事力量，对李渊进军关中完全不闻不问，李渊在策略上又取得了巨大胜利。这不仅为李渊父子进入关中和其后经营关中及四川等地区创造了十分有利的条件，而且，当山东群雄与隋军逐鹿中原时，李渊父子却得以稳居关中，毫无顾忌地扫荡西北地区的割据武装并镇压农民起义军，同时积蓄力量，注视关东鹬蚌相争的势态，以适时收得"渔人之功"。

锦囊妙计

1. 一个"借"字，奥妙无穷，智愚之别往往就体现人生几个关键点上，"借"为其一。

2. "借"，终究是一件让人有点难为情的事情，但是，想要成大事，就要让自己的羞耻感轻一些。

找到可以平稳向上的梯子

明白话

跳板的作用是让人跳得更高更远。有人问，没有跳板可否？答案是当然可以，但你永远得不了第一名。善于借势发挥者，总是力求找到脚下的跳板，让自己的人生目标更高更远。

聪明人可以在最关键的时刻抓住转折点。胡雪岩日后能做大生意，是以投靠左宗棠为转折点的。这是理解胡雪岩之所以脸面越来越大的关键。

胡雪岩依靠王有龄的势力生意越做越大，一片坦途。然而天有不测风云，同治元年（公元1862年），太平军围攻杭州，王有龄守土有责，被围两月弹尽粮绝。胡雪岩受托冲出城外买粮，然而却无法运进城内。王有龄眼见回天乏术，上吊自杀。胡雪岩闻讯，悲不自禁，胡氏之生意，得力于王有龄，尤其是这种乱世，没有一个可以信任的靠山，凭什么成事呢？如今王氏一去，大树倒矣，又岂能不悲伤。

此时的胡雪岩开始将目光投向了杭州藩司蒋益澧。但他逐渐在交往中发现，蒋益澧谨慎有余，远见不足，他不得不寻找更有价值的人物。这时，他将目光投向了闽浙总督左宗棠。此时左宗棠正忧心忡忡，杭州连年战争，饿死百姓无数，无人耕作，许多地方真是"白骨露于野，千里无鸡鸣"。自己带数万人马同太平军征战，自己的几万人马吃饭成了个大问题。

正在考虑之时，手下人报，浙江大贾胡雪岩求见。左宗棠乃传统的官僚，有"无商不奸"的思想在脑中作怪，而且他又风闻胡氏在王有龄危困之时，居然假冒去上海买粮之名，侵吞巨款而逃。心想此等无耻的奸商，本不欲见他，无奈蒋益澧的面子，只得待了半天，才懒洋洋地宣胡雪岩进见。

胡雪岩一进去，就察觉到了气氛的不对，随即告诫自己小心谨慎。

胡雪岩振作精神，撩起衣襟，跪地向左宗棠说道："浙江候补道胡雪岩参见大人！"左宗棠视而不见，仍怒目圆睁。一会儿，左宗棠那双眼睛开始转动，射出凉飕飕的光芒，将胡雪岩从头到脚仔细打量一遍。胡雪岩头戴四品文官翎子，中等身材，双目炯炯有神，脸颊丰满滋润，一副大绅士派头。端详之后，左宗棠面无表情地说道："我闻名已久了。"这句话谁听都觉得刺耳，谁都懂得它的讽刺意味。胡雪岩以商人特有的耐性，压住心中的不满，他觉得自己面前只不过是一个挑剔的顾客，挑剔的顾客才是真正的买主。胡雪岩没有直接谦虚地回答左宗棠，而是再次以礼拜见左宗棠。他知道左宗棠素来是个吃捧的人，抓住这一弱点，恭贺左宗棠收复杭州，功劳盖世。又向左宗棠道谢，使杭州黎民百姓过上安定日子。胡雪岩一边恭维一边注视着左宗棠，他见左宗棠脸上露出一丝不易让人觉察的微笑。捕捉到这一信息，胡雪岩又急忙施礼。这一次左宗棠虽然仍旧矜持地坐在椅子上，但先前阴沉的双脸绽开了笑容，也许面子过不去，他装着恍然似的说："哎呀，胡大人，请坐！"胡雪岩在左宗棠右侧的椅子上坐了下来，摆脱了尴尬的窘境。

胡雪岩坐定之后，左宗棠直截了当问起当年杭州购粮之事，脸上现出肃杀之气。胡雪岩这才如梦初醒，赶紧把事情从头到尾讲了个清清楚楚，说到王有龄以身殉国，自己又无力相救之处，不禁失声痛哭起来。左宗棠这才明白自己误听了谣言，险些杀了忠义之士，不禁羞愧不已，反倒软语相劝胡雪岩。

胡雪岩见左宗棠态度已有松动，急忙摸出二万两藩库银票，说明这银票是当年购粮的余款，现在把它归还国家。他解释说，这巨款本应属于国家，现在他想请求左帅为王有龄报仇雪恨，并申奏朝廷惩罚见死不救又弃城逃跑的薛焕。这符合常情的恳求，左宗棠欣然答应，并叫管财政的军官收了这笔巨款。

二万银票对于每月军费开支十余万的左军来说虽属杯水车薪，但毕竟可解燃眉之急。胡雪岩清楚地知道左宗棠想要的是什么，所以不失时机地掏出银子，为自己争得了左宗棠的好感。

收下胡雪岩的银票后，胡雪岩对王有龄的忠心使左宗棠非常佩服，立即叫人上茶，和胡雪岩闲聊。胡雪岩大赞左帅治军有方，孤军作战，劳苦功高。胡雪岩说话有分有寸，当夸则夸，要言不烦，让人听起来既不觉得言过其实，又没有谄媚讨好的嫌疑。左宗棠听得眉飞色舞，满脸堆笑。胡雪岩见左宗棠已被自己的话吸引，他想，只要实事求是地奉承恭维，左帅还是能够接受的。如果拉他做靠山，往后的生意更会如日中天。主意拿定后，他抛砖引玉，话锋一转。指责曾国藩只顾自己打算，抢夺地盘，卑鄙无义。气愤地谴责李鸿章不去乘胜追击占领唾手可得的常州，而把立功的机会让给曾国藩的弟弟曾国荃做人情。胡雪岩有根有据的指斥引起了左宗棠的共鸣，左宗棠在心中对胡雪岩更有好感了。

过后，左宗棠亲自将胡雪岩送出去，他认为胡雪岩不仅会做生意，而且还对官场非常熟悉，是一个大有作为的能人，难怪杭州留守王有龄对他如此器重。然而粮食仍像幽灵一样萦绕脑际，缠得左宗棠心急如焚，愁眉不展，一连几天都没有想出个好办法。

其实胡雪岩上次别后，就筹划着如何帮助左宗棠解决粮食以解眼下之急。他迅速到上海筹集了上万石大米运回杭州，一部分救济城里的灾民，另一部分送到了军营。

这上万石大米真是雪中送炭，不仅救了杭州，而且对左宗棠肃清境内的太平军也助了一臂之力。左宗棠捋着花白的胡须，连日紧皱的双眉舒展了，他高兴不已，内心总觉得过意不去。他说："胡先生此举，功德无量，有什么要求，无妨直说。我一定在皇上面前保奏。"胡雪岩大不以为然，他说："我此举绝不是为了朝廷褒奖。我本是一生意人，只会做事，不会做官。"

"只会做事，不会做官"这一句话可当真说到左宗棠的心坎上了。左宗棠出自世家，以战功谋略闻名，在与太平军的浴血奋战中，更是功绩彪炳。所以平素不喜与那些凭巧言簧舌、见风使舵之人为伍，对这些人向来鄙夷不屑。此时一句"只会做事，不会做官"当真是使左宗棠感觉遇到了知己。对胡雪岩顿时更觉亲近，赞赏之意，溢于言表。

粮食的问题得到解决，但军饷还没有着落。军饷像重担似的压在左宗棠的心上。由于连年战争，国库早已空虚。两次鸦片战争的巨额赔偿犹如雪上加霜，使征战的清军军费自筹更为困难。左宗棠见胡雪岩如此机灵，于是请胡雪岩为他想法筹集军费。胡雪岩一听每月筹集二十万的军费，感到非常棘手，但他认为如果能够顺利筹集，左帅对自己会加倍信任。胡雪岩经过一番深思熟虑后便把自己的想法全盘告诉了左宗棠。

原来，太平天国起义十年来，不少太平军将士都积累很多钱财，如今太平军败局已定，他们聚敛的钱财不能带走，应该想法收缴。但由于这些太平军不敢公开活动，唯恐遭到逮捕杀头，常常躲藏起来。胡雪岩认为左帅可以闽浙总督的身份张贴告示：令原太平军将士只要投诚，愿打愿罚各由其便，以后不予追究。

左宗棠心有灵犀一点通。这确实是个好办法，既收集钱财，又能笼络人心，一箭双雕。可如此做法还没有先例。如果处理不周，后果不堪设想。左宗棠将心中的顾虑和盘托出，胡雪岩忙出妙策。他的理由是：太平军失败后，很多人都要治罪。但人数太多株连过众，又会激起民愤，扰的社会又不安宁。这与战后休养生息的方针背道而驰。最好的处置就是网开一面，给予出路。实行罚款，略施薄刑，这些躲藏的太平军受罚后就能够光明正大做人，当然愿罚，何乐不为。

左宗棠对胡雪岩的远见卓识钦佩不已，当即命胡雪岩着手办理。回去后，胡雪岩立即着手，张贴布告，晓之以义。不多久，逃匿的太平军便纷纷归抚，一时四海闻动，朝廷惊喜。借助这一机会，阜康钱庄也得利不少，胡雪岩更是四品红顶高戴，成了真正的"红顶商人"。

通过这件事，左宗棠既了解了胡氏的为人，也了解到胡氏办事的手段，知道这确实是一个难得的人才，于是倾心结交，倚之为股肱，两人很快成为知己。

回头看胡雪岩结交左宗棠的过程，主要有三个因素：

第一，对左宗棠的充分了解。胡雪岩在决意拉拢左宗棠这座大靠山之时，已经通过各种渠道对左氏有了透彻的了解。他知道左宗棠是"湖南骡子"脾气，倔强固执，难以接近。他也知道左氏因功勋卓著，颇为自得，甚喜听人褒扬之辞。他也对左宗棠与曾国藩及其门生李鸿章之间的重重矛盾了解得很透彻，建立在这些知识之上，他才能打一场有准备之仗，使得言辞正中左氏的下怀。

第二，善急人之所急。光说不做是不行的，胡雪岩打动左宗棠还体现在他的行动上。他解了左氏的燃眉之急，为他做好了两件事：筹粮与筹饷。这两件事对左宗棠来说都是迫在眉睫的，现在胡雪岩主动地为他去掉了两块心头之病，当然也就换取了他的感谢和信任了。

第三，最重要的还是胡雪岩本人的真才实学。胡氏结交官场自有一套或以财取人，或以色取人，或以情取人的手法，然而这些对左宗棠而言都是不起作用的。左宗棠贵为封疆大吏，区区小惠根本不放在眼中，若是胡雪岩只是一个有意拉拢的庸人，左氏早就三言两语打发掉他了。

而左宗棠之所以器重他并引为知己是因为胡雪岩有过人的才学，能助他一臂之力，是一名不可多得的人才。所以，他才愿意在胡雪岩的生意中加以援手，因为他知道，两人是互惠互助的关系。

当年杭州收复全赖左宗棠之功，而胡雪岩献出大米、捐助军饷，极有成效地主理杭州战后善后事宜，这一系列事情收到的一个直接的功效，就是得到了左宗棠的赏识和信任。凭着左宗棠的支持，胡雪岩的生意不仅在战乱之后得以迅速全面地恢复，而且也越做越顺，越做越大。到左宗棠西征新疆前后，他以"红顶商人"的身份，为左宗棠创办轮船制造局，筹办粮饷，代表朝廷借"洋债"，开始了与洋人的金融交易。到这时，胡雪岩才真正如履坦途，事业也终至如日中天，盛极一时了。左宗棠饮水思源，光绪四年（公元 1878 年）春，他会同陕西巡抚谭仲麟，联衔出奏，请"破格奖叙道员胡雪岩"，历举他的功劳，计九款之多。

胡雪岩的母亲七十大寿，不仅李鸿章、左宗棠这些红极一时的封疆大吏送礼致贺，就连慈禧老佛爷也特为颁旨加封。从此，胡雪岩走上事业的巅峰。

锦囊妙计

1. 从找跳板开始，到成大事，这是胡雪岩的经验！当然也是一般人从平凡到非凡的成功经验。

2. 老话讲"背靠大树好乘凉"，各种韵味，需要诸位看官仔细品尝。

聪明人不做零和博弈

明白话

"众人拾柴火焰高"，讲的是把大家的力量集中起来，就会形成一股合力，产生更大的威力。做人办事也应当善用此道，以便把本来难以办成的事办成。

"联吴抗曹"，是诸葛亮在《隆中对》中提出的外交政策。在这篇著名的文章中，诸葛亮根据当时的客观形势，向刘备提出了合理的建议。他在《隆中对》说道：自董卓以来，各路豪杰并起，跨州连郡者，更是不可胜数。曹操和袁绍相比，名不大兵不多，但曹操能克制袁绍，以弱胜强，这不仅仅只能归于天时，重要的还在于人谋。如今，曹操已拥有百万之众，挟天子以令诸侯。这一点是我们所无法抗衡的。孙权据有江东，已历三世，国力较强，且拥有众多贤能之人。所以，我们只可与援而不可争锋。荆州北据汉沔，利尽南海，东连吴会，西通巴蜀，这是用武之地，但是其主不能守，将军可以把它夺过来。益州地形险要，沃野千里，是天府之国，所以高祖才因此而成功帝业。刘璋之地，民殷国富，却不知存恤，那些智能之士思得明君。将军是帝室后代，信义著于四海，总揽英雄，思贤如渴。如果利用机会将荆州和益州争夺过来，然后再将其加以巩固，西和诸戎，南抚夷越，外结好孙权，内修政理，则我们的江山就十分稳固。即使天下真的有变，可命一上将统帅荆州之军，直捣洛阳，将军自己亲率益州之众出于秦川，这样一来，百姓还有谁敢不真诚迎接您呢？

果真如此，则霸业可成，汉家王室可以兴盛了。

诸葛亮的联吴抗曹政策，刘备并没有完全采纳，尤其是在对东吴的政策上，刘备失去了重要的战略阵地。公元 219 年 7 月，关羽发兵进攻樊城，且节节胜利，曹操的樊城守将于禁投降，庞德也被擒杀。同时，关羽又出兵攻打襄阳。曹操开始震惊，便亲来洛阳指挥战斗，并曾因许都离前线较近，而打算将首都迁到邺城，后来怕因此引起人心动摇，便又停止了迁都计划。除了正面对付关羽，曹操很注意拉拢东吴。因为吴蜀之间为争取荆州，确有矛盾。荆州是三国时代的战略重地，所以，当时的魏蜀吴三国都在争夺荆州。就孙权方面而言，刘备得益州之后，势力开始强大，如果再占据荆州，势必在他的建邺上游出现一个强有力的霸主，孙权如何安心？再加上吴国的君臣对于荆益二州也是觊觎已久，如若落在刘备之手，他们的心里也很难平静。所以，当曹操写信给孙权，许诺割江南之地与孙权时，孙权便积极行动起来，一方面派吕蒙率兵偷袭关羽的根据地江陵，同时也写信给曹操，表示愿意袭杀关羽，并请求曹操不要将此军事秘密让关羽知道，以免关羽早有准备，计划外泄。这样，孙权就站到了曹操一边，形势对关羽当然不利。

不久，曹操增派十二营兵马到宛县前线，由徐晃统一指挥，开始对关羽进行反攻。这时，吕蒙偷袭江陵已经得手，关羽知道后便迅速撤退，归途中军队溃散，大军还没有退到江陵，关羽即在十一月间被孙权擒杀。这样，曹操利用孙刘之间的矛盾，消灭关羽，不但解除了襄樊之威胁，同时也使蜀汉失去了荆州重要的战略基地。以后诸葛亮几度对魏用兵，只能出秦川一路，而无法"命一上将将荆州之众以向宛洛"；蜀汉的两面钳夹攻势，也便从此流产。此后，形势对曹魏方面是极为有利的。这种局面的形成，主要原因在于对诸葛亮的联吴抗曹政策没有给予应有的重视，至少没有缓和对吴国的关系，一向小视东吴，对吴蜀联盟根本不重视。

刘备死后，诸葛亮辅助阿斗执政，将全部精力放在改革内政与对外关系问题上。诸葛亮始终主张联吴抗曹。他深知，以弱小之蜀国，与强大的魏国为敌，非先联络好吴国不可，将吴国联络好之后，即使吴国不和蜀国一同攻魏，蜀国也可无东顾之忧而全力对魏，于是，魏便不得不以一部分兵力来防范东吴。正是从此考虑，在辅政之初，诸葛亮便派邓芝出使吴国，重申旧好。孙权开始时迟迟不见。邓芝便上表说："我今天来贵地，并非仅仅只为我蜀国，同时也是为您吴国的。"这样孙权才接见了邓芝，邓芝详尽地阐述了诸葛亮的联吴抗曹政策思想。邓芝说："吴蜀两国，四州之地。蜀国有重要险阻，牢不可破，吴国也有三江贯通，可阻外敌，如果合此二长，共为唇齿，我们就会进可并吞天下，退可鼎足而立，这是再明白不过的道理。大王如果委质于魏国，那么魏国便上望贵国入朝进贡，下求太子之内侍。您若不从命，则说您是叛乱而兴兵讨伐，我蜀国也必然会顺应潮流，见机行事，争夺地盘。这样一来，江南之地便不再是大王所有的了。"

孙权觉得邓芝讲得很有道理，便决定和魏断绝关系、与蜀联和。从此吴蜀盟好多年，为诸葛亮大举兴兵攻魏，提供了有利的前提条件。就是到了终蜀之世，两国的友好关系也没有中断。实践证明，诸葛亮的联吴抗曹政策是正确的。是否可以这样来设想：倘若刘备当初听从诸葛亮的建议，坚定不移地执行联吴抗曹政策，关羽不被孙权杀害，荆州之地为蜀汉所得，那么结果又会怎样呢？三国鼎立的局面又会如何演变发展呢？这就很难断言了。

锦囊妙计

1. 所谓"众人拾柴火焰高"，聪明人都懂得"向上营销，向下兼容"。

2. 零和博弈不能主观否定。但是，多数情况下，这种博弈的结果往往是两败俱伤，不到万不得已，还是少用为妙。

第四　守弱

拒绝任意拿捏，别让没有锐刺害了你

稳住自己，才能立于不败之地

明白话

当一个人要与对手较量，要决定采取何种行动时，是更要谨慎，其困难的程度或许更甚于透视对方心意。尤其是当事情和自己有密切关联的时候，要保持心情的稳定，更不容易。所以，在打算试探对方之前，必须在心理上先做准备，否则一旦事情发展到对自己相当不利的情况时，本身就会先发生动摇，计划的进行当然就会受到或多或少的阻碍。

举个例子，当你发现对方暗中有背信行为时，就怒气冲天，不能冷静地考虑对策，自然就无法正中要害，给他致命的一击。因此，遇到这种情况，必须冷静应付，否则前功尽弃，枉费心机！

在这方面有精彩论述的中国古籍，最好的就是《战国策》和《韩非子》，原因在于这两本书在透视人心方面，不但有独特的见解，并且举出实例加以说明，使得读者更容易明了。

齐国宰相孟尝君，在某一个机会里，发现寄宿门下的食客，竟然背弃礼义，和他的妾通奸。

"以食客的身份，竟敢如此不知自爱，做出这样为人不齿的行为，非杀不可……"

虽然有人用这些话挑拨他，孟尝君却说道：

"男女相爱，乃人之常情，不必管他。"

就这样过了一年，有一天孟尝君召见这个食客，说道：

"阁下寄宿我处已有相当的日子，可惜这里好像没有你的仕宦之途。很幸运的，卫国君主平日与我交往不错，我想介绍你到他那儿去图个前程，不知你意下如何？"

食客经过孟尝君的介绍，前往卫国任官，逐渐被卫君所重用。

经过了几年，卫国和齐国感情交恶，卫国国君想要联合诸国攻打齐国。

就在这个时候，那位被孟尝君介绍到卫国的食客挺身而出，说服卫君打消了攻打齐国的念头，因而避免了齐卫之间的一场争战。

《战国策》中对这桩事情的评论是：孟尝君很会处事，他能够转祸为福。

另外有一个故事，是说一个人虽然发现自己处境危险，却能够探身虎穴，因而保全了性命。

荆国对吴国宣战。

吴国为拖延时间，于是派遣使者前往荆国军营，试探敌军的虚实。

使者到达敌营，看见荆国军士个个士气旺盛，一团杀气，知道此次前来，必定难逃一死。

敌将话中带有讽刺地问他：

"你在出发之前卜过吉凶了吗？"

"有，卜得大吉之兆。"

"哎呀！死到临头，你还敢说大吉？"

"这就是大吉呀！我国派我前来的目的，就是试探贵国的战意如何；

如果我被杀身亡，我军必做万全的准备，作战到底。像这样牺牲了我一个人而救了全国，岂不是大吉？"

荆军终于不杀使者。

下面一则故事，说明了虽然国中有人看破敌人诡计，可惜贪心的国王为物欲所蒙蔽，没有接纳他的建议，终于走上亡国的道路。

有一次，某大国派使者到相邻的小国说：

"我君想铸一口大钟（古代乐器）送给贵国，但是两国之间的道路艰险，车辆无法通过，请贵国将险道扩展，以利运送。"

在当时，大钟是很贵重的宝器，所以小国君主满心欢喜，准备立刻拓宽道路。

可是群臣之中有人识破了大国的阴谋，于是劝谏国王道：

"从古至今，没有大国赠送礼品给小国的道理，其中必然有诈。据臣的猜测，礼物之后必定随有兵车，此事断然不可答应。"

然而，小国君王为物欲蒙蔽了心思，不听臣下的劝谏，开路迎接，果然大国军队随在钟后蜂拥而至，毫无防范的小国顷刻间土崩瓦解。

锦囊妙计

1. 我们对于事情的判断，不能够太自信、太武断。即使你自以为用心良苦地看透了对方，但事情总是没有绝对的，或许你的眼光有所偏差，或许对方在被你看透之后又发生了变化。

这句话并不是要我们凡事都存着怀疑的态度。相信或不相信对方，是另一回事；最要紧的，还是自己要能站得住脚。自己站稳了之后，就不必在乎外界发生的任何变化了。

2.还有一点要说的是，侥幸的心理绝对不可以存在。人应该面对现实，勇于承担一切。

在复杂关系中，找到安身立命的办法

▌明白话

一个人要善于寻找周围人事，力图在左左右右的复杂关系中，找到自己的安全点，换言之，即要权衡左右关系，才能找到不败的安全点，这需要左右逢源的技巧和手段。武则天能做到吗？

随着武周政权的建立，外戚之首武承嗣的野心开始膨胀。易世革命实现之后，他开始竭尽全力谋求皇嗣的位置。现在位的皇嗣李旦在他的心目中根本就不存在，只是一个虚设的牌位而已。

武承嗣是武则天同父异母的哥哥武元爽的儿子。

武则天有两个同父异母的兄长，一名元庆，一名元爽，是武则天的父亲武士与前妻相里氏所生，相里氏去世之后，才娶武则天之母杨氏，杨氏生有三女，武则天排行第二。武则天的父亲谢世之后，家事为兄掌握，他们对武则天母女刻薄无礼，武则天母女自然衔恨在心。武则天的父亲既然身为大臣，两个兄长也在朝为官。

后来武则天做了皇后，杨夫人成为国后之母。一天，杨氏对两个儿子说："还记得从前的日子吗？现在不同了吧？"言语之间，露出得意忘形的样子。

两个儿子却说："这种事情弄得人怪不好意思的，妹妹现在做了皇后，人们会说我们现在有这个地位是因为妹妹，倒与先父没有什么关系了。"

弟兄二人仍是这样傲慢，杨夫人生气地把这件事情告诉了女儿。武则天便毫不留情地把这两个兄长贬为远省小县的县令。武元庆一到了大南方的龙州（治今四川平武县东南）就死了，元爽却死得不容易，他从濠州（治今安徽凤阳县东）又再一次被流配到更荒远的地方振州（治今广东涯县）后死去。

武元爽被流放到振州时，少年武承嗣同父亲一起在振州度过了艰难困苦的岁月。因此武承嗣懂得武则天既可以给武氏宗族以莫大的恩宠，同时对于那些反对她、不合于她心意的人也会毫不留情地加以惩处。他知道自己不可以恃宠孤行，也学会了如何察言观色，竭力博取武则天的欢心，来巩固自己的地位。

上元元年（公元 674 年），武承嗣被从振州召回，成为武则天亡父武士的继承人后，威势日甚一日地上升。光宅元年（公元 684 年），武承嗣封为礼部尚书，不久后又升为太常卿、同中书门下三品。垂拱中，转春官尚书，依旧知政事，载初元年（公元 689 年）代苏良嗣为文昌左相、同凤阁鸾台三品，兼知内史事。天授元年（公元 690 年），武则天做了女皇，封武氏兄弟俱为王，武承嗣被封为魏王。

武承嗣为武则天革唐为周卖了大力气，他支持武则天尽诛朝廷中的反对派，一扫唐朝宗室，他制造阴谋，打击陷害，不知有多少人死在他的手下。如今武则天做了皇帝，他认为自己作为武氏的继承人，理所当然应该成为皇储。

武承嗣的野心被凤阁舍人张嘉福所探知，为拍马屁，为自己将来地位的上升，他开始积极活动。作为朝臣，他不能直接公开出面，所以他就选择了洛阳人王庆之出头，自己躲在幕后操纵。

王庆之弄了一份请愿书，请求立魏王武承嗣殿下为皇太子，还征集了数百名市民的署名，并亲自率领市民代表拥到宫门前上书。

对于这一举动，文昌右相、同凤阁鸾台三品岑长倩十分气愤，指责道："太子（睿宗）殿下在东宫，何人如此不敬，胆敢制造骚乱！"他请求皇帝马上召见，严惩策划奉呈请愿书的人，告示受到煽动而附和的人们，让他们迅速解散。

武则天没有马上表态，她向另一个宰相——地官尚书、同凤阁鸾台平章事格辅元征求意见。

格辅元赞同岑长倩的意见，语气尖锐地说："太子在东宫并无任何罪过，现在要废掉而另立太子，这样做毫无道理。"

武则天认真地听着，思考着，但没有做任何答复。因为这个问题，她自己也没有想好应该怎样处理，她不甘心把自己费尽心力夺来的政权再拱手交还给李唐皇室的继承人李旦，但交给武承嗣她也同样不放心，立嗣问题是一个需要慎重考虑的问题，她需要一段时间去考虑。

但武承嗣等不下去了。武承嗣遭到了岑长倩等人的反对，非常恼怒，决心要除掉这些人，为此必须让岑长倩先离开皇帝身边，便上奏请以岑长倩为武威道行军大总管，西征吐蕃，这个计划非常容易地实现了，因为当时吐蕃正在侵扰西部边境。

岑长倩在出征途中，武承嗣就把来俊臣召来，要他罗织岑长倩、格辅元的罪名。

来俊臣抓住岑长倩的儿子岑灵原，毒刑拷打，胁迫他牵连以司礼卿欧阳通为首的坚决反对立武承嗣为太子的数十名朝臣。

欧阳通是唐初著名的书法家欧阳询的儿子。欧阳通在父亲去世时还很小，母亲徐氏便手把手地教他书法，并教导他不要玷辱儒者亡父的名声。

欧阳通仰慕父亲的书法与为人，勤奋攻读。仪凤年间升迁为中书舍人。这时母亲去世，为了表示他的悲痛，在母亲死后的四年中，每日上朝，从家到皇城门外总是赤脚步行。办完公事回到家中，换上麻布丧服，伏在什么也不铺的床上哭泣，夜里也这样睡。冬天，他就穿着一件薄薄的丧服，伏在冰冷的床上，家人在床上偷偷铺上毛毯，他就让人马上撤掉。

他就是这样一位忠实的儒家信徒，因此对于武承嗣要废太子争当皇储的活动自然十分反对。

岑长倩在西征途中被召回京城，与格辅元、欧阳通等数十人被捕入狱。他们在来俊臣的严刑审讯下，始终否认有"谋反之志"。

最后，来俊臣按照惯例伪造了一份谋反的"自供状"奏上。

天授二年（公元 691 年）十月十二日，以岑长倩、格辅元、欧阳通为首的数十名朝臣，一起被押往刑场处死了。

武则天觉察到岑长倩等人的罪名是莫须有的，是武承嗣密令来俊臣办的，从这一事件中她既看出了武承嗣不择手段以取代皇嗣李旦的野心，也看出了朝臣们誓死保卫太子旦和"光复唐室"的宏愿。她虽然意识到皇嗣问题应该马上解决，但仍然下不了最后的决心。

王庆之没有达到目的，又屡次求见。

到底立谁为皇嗣，武则天还没有理出头绪，因此对于王庆之的多次求见非常厌烦，于是命凤阁侍郎李昭德罚以杖刑。李昭德立即命武士将王庆之拉出光政门外，向群臣宣告说："此贼欲废我皇嗣，立武承嗣。"说完，将他扑翻在地，打得耳目出血，一命呜呼，也算是替岑长倩等人报了仇。王庆之的朋党，听说这件事，个个胆战心惊，一哄而散。

在这场争夺皇位继承权的斗争中，作为皇嗣本人的李旦，却处于一种十分可怜任人摆布、随意宰割的境地。

武则天仍旧在立李还是立武的两难境地之中徘徊，此时李昭德站了出来。李昭德是反武承嗣派的核心，他劝说武则天道："臣闻文武之道，布在方策，岂有侄为天子而为姑立庙乎！以亲亲言之，则天皇是陛下夫也，皇嗣是陛下子也，陛下正合传之子孙，为万代计。况陛下承天皇成顾托而有天下，若立承嗣，臣恐天皇不血食矣。"武则天听取了这个意见，放弃了改立武承嗣为皇太子的考虑。李昭德还密奏："承嗣陛下之侄，又是亲王，不宜更在机权，以惑众庶，且自古帝王，父子之间，犹相篡夺，况在姑侄，岂得委权与之？脱若乘便，宝位宁可安乎？"长寿元年（公元 692 年）八月，武承嗣罢知政事，李昭德入相。武承嗣又反谮李昭德，武则天说："自我任昭德，每获高卧，是代我劳苦，非汝所及也。"

锦囊妙计

1. 人际关系是一门大学问，你细心为之，就会有收获，你粗心待之就会失利。因此，做智人者必善为之。

2. 越是复杂的关系，越要懂得牵制和制衡。很多时候，找到并利用复杂关系中的利益冲突点，巧妙地使利益冲突方相互控制，就是一种不错的方法。

可明可暗，谋定后动

明白话

较量是大智与小智之间的碰撞。我们知道，明暗之区别在于一道看不见的神秘线。这道线是两股势力对抗的战场。人与人之间，冲突与竞争在所难免，面对竞争，你应当学会站在明处，冷眼旁观，以静制动；面对冲突，你要学会照样站在暗处，以动制静，善于击中对手的薄弱环节。这叫在明暗之中较量高低。

纪晓岚入仕途较早，官升得也快，但当了侍郎、尚书后，十几年间却始终不能进入枢密机构军机处，不能不说是纪晓岚终生的大憾事。其中的缘由就是他得罪了和，而两人因审理海升案意见相左，是其"结怨之始"。

说是大案，案情其实并不复杂。乾隆五十年（公元 1785 年）四月，阿桂的亲戚、员外郎海升，因与其妻子乌雅氏发生争执而导致其妻死去。事情发生后，海升报告所管步军统领衙门说是自缢而死。

步军统领衙门于是准备交刑部审讯，但海升的小舅子贵宁不相信他姐姐是自缢而死，所以不肯签字画押。于是经刑部奏请派大臣验尸。而当时和为军机大臣，曾有意借此牵连阿桂，主张重新验尸，即令新任左都御史的纪晓岚，会同刑部侍郎景禄、杜玉林以及御史崇泰、郑赝、刑部司员王士棻、庆兴前往开棺检验。经验证，纪晓岚等确定为自缢，以"臣等公同检验，伤痕实系缢死"上奏。

但尸亲贵宁认为检验不实，海升系大学士阿桂亲戚，刑部明显有意包庇，并将其情在步军统领衙门控告。这样一来问题变得复杂起来，它不仅涉及一干检验人员，更直接将大学士阿桂牵涉进来。乾隆一向讨厌大臣结党营私，现见如此多的大臣党附阿桂，自然不很愉快，又经和煽风点火，遂特派侍郎曹文埴、伊龄阿前往复查，两人复查后汇报说乌雅氏尸体并无缢死的痕迹。乾隆遂令阿桂、和和刑部主管、原验、复查各官一起再做检验，仍没有发现缢死痕迹。于是乾隆下令严讯海升，海升最终承认是他将妻子踢伤致死。

因此，乾隆降谕指出："此案原验、复查官员，竟因海升是阿桂的姻亲，均不免有顾虑和逢迎之处。从前刑部官员于福康安家人富礼善一案，有意徇情，致使元凶几乎漏网，多亏朕看出疑点，特派大臣复行严审，才使案情水落石出……不料你们不知悔改，在那一案件事过不久，又有此事出现！

"阿桂受朕深恩，于此等不肖姻亲事自不屑授意刑部各官，而刑部各官、御史即不免心存顾虑，及朕特派复查，仍胆敢有意包庇。如果不严加惩处，以后又怎么用人？怎么办事？

"此案阿桂已经自行议罪，请罚公爵俸禄十年，并革职留任，本应依照所请，姑且念此案究不比福康安包庇家人，而且阿桂还有功劳，著加恩改为罚俸五年，仍滞职留任。"

纪晓岚及其朋友王士棻遭重点指责："其派出之纪昀，本系无用腐儒，原不足具数，况伊于刑名事件素非谙悉，且目系短视，于检验时未能详悉阅看，即以刑部堂官所言随同附和，其咎尚有可原，著交部严加议处……王士棻在刑部年久，前因出差回京召见，观其人尚有才干，方欲量加擢用，乃于复验时回护固执，装点尸伤，逢迎阿桂，该员等均罪无可宥。叶成额、李阔、王士棻、庆兴亦俱著革职，发往伊犁效力赎罪，不准乘驿。

"曹文埴、伊龄阿经朕派出复验，若也如纪昀等人顾虑徇情，只知道迎合阿桂，蒙混了事，转相效尤，将来此风一长，大学士、军机大臣皆可从此率意妄为，即杀人玩法也必无人敢问了。假如真是如此的话，国事还能问吗？此案曹文埴、伊龄阿即能秉公据实具奏，不肯苟同徇情，颇得公正大臣之体，甚属可嘉，著交部议叙。"

从对此案的处理来看，乾隆明显有打击阿桂一派的倾向。

刑部复查案件本有失误的可能性，而乾隆谕令一开始即将其同福康安包庇家人一事做类比，显然定性为朋比徇情，而且所处分的官员几乎全部是阿桂一派人。这不能不说与和在暗中煽动有关。而且，可以作为旁证的是，次年御史曹锡宝弹劾和纵容家人刘全招摇撞骗一案，乾隆即有"纪昀因上年海升殴死伊妻乌雅氏一案，和前往验出真伤，心怀仇恨，唆使曹锡宝参奏，以为报复之计"一说，如没有和操纵海升一案，乾隆又为何将两案相联系呢？

在此案中，纪晓岚的同年朋友王士棻，职位虽低，处罚独重。王士棻在刑部历久资深，且精于刑名之学，断案认真、周密为人称许，却不得重用。在海升殴死其妻乌雅氏一案中，他因坚持缢死一说而遭重罚，革职发往伊犁效力赎罪。对其不幸遭遇，纪晓岚深表同情和不满。嘉庆元年（公元 1796 年）王士棻死后，纪晓岚为他做墓志铭，称赞他说："鞫狱定谳，虽小事必虚公周密"，"凡鸣冤者，必亲讯，以免属吏之回护；凡案有疑窦，亦必亲讯，以免驳审之往还。""才余于事，又多所阅历，弥练弥精。"

并引用王士棻的话说："刑官之弊，莫大乎成见。听讼有成见，揣度情理，逆料其必然，虽精察之吏，十中八九，亦必有强人从我，不得尽其委曲者，是客气也。断罪有成见，则务博严明之名。凡不得已而犯，与有所为而犯者，均不能曲原其情，是私心也。即务存宽厚之意，使凶残漏网，泉壤含冤，而自待阴德之报，亦私心也。惟平心静气，真情自出；真情出，而是非明，是非明，而刑罚中矣。"

如此精于刑名案件、办事认真公正的人，又怎么会徇情或误断呢？只能说明王士棻断为自杀并不错，和等断为海升殴打致死不实。纪昀虽不敢明做翻案文章，但仍可窥见他对海升妻死一案获谴之人的同情与不平。

锦囊妙计

1. 天下事总有许多出人意料的变故，如果找不到关键，发现不了其动机，是很难处理。与人打交道的道理亦如是。

2. 善于把自己隐藏于暗处的人，看起来默默无闻，实际上却能够将身边人的一举一动全部尽收眼底。这样的人，很难有人在他背后搞小动作。

第五　进退

取舍得当，能屈能伸大事可成

退，是一种厚积薄发的本事

明白话

人生成败与进退术有很重要的关系，不善进退者，自然是败者。我们知道过于激进者，常会自以为聪明至极，从而在某一天突然遭到大败。因此进是基于摸准对方心理的行为——只有摸准对方，才能进行有效的行动，这是人际交往的基本道理。有头脑的人在这方面做得很出色，即摸透对手的弱点，以退为进，把"退功"发挥得淋漓尽致。

成帝绥和元年（公元前 8 年），38 岁的王莽当上大司马。辅政才一年多，成帝就去世了。哀帝即位，39 岁的王莽成了先帝老臣。一朝天子一朝臣。王莽应该退位，让新的天子组织新的朝廷。太后就诏令王莽就第，回到自己的封地去。

汉代制度，刘氏子弟封王立国，如刘濞立为吴王，管三郡五十三城，称为吴国。景帝子刘端立为胶西王，则有胶西国。有王有国，所谓"王国"。这些都是诸侯王、诸侯国，与大一统的国家是不同的概念。大的诸侯国像吴国管三个郡，小的如胶西国只有一个郡，刘端死后，胶西国改为胶西郡。汉武帝时，胶西与城阳、甾川、济南、济北国合并为齐郡。从《汉书·地理志》中可以看到，郡所属的县，也称国，或侯国。如汝南郡所属的阳城、安成、南顿、宜春、女阴、弋阳、上蔡、项、归德、安昌、安阳、博阳、成阳等县都是故国或汉代侯国。被封为列侯的，就有一个地盘相当于县那么大，属于其统治范围，每年从在这地盘上生活的百姓那里收取租税，供自己消费。这就是侯国，也简称国。在自己的国中有自己的宅第。许多封了侯的人并不在自己的封地上生活，而是到朝廷参与政事。有些诸侯王也在首都居住，并没有到封地上。有时，由于政治斗争的原因，不让列侯参与政事，就要遣送他"就国"或"就第"。如果有罪，那就"免为庶人"，更严重的罪行，就要法治。"就国"是保留爵位，免去官位职权。

"免为庶人"，就是取消爵位，成为平民百姓。

太后要王莽"就第"，就是要王莽回到封地去。王莽封的是新都侯，地址是南阳新野的都乡，居民 1500 户，每年可以从这些居民中收到一定数量的赋税。他当大司马时，俸禄比较高，他就将封地上收来的赋税（邑钱）全部用于招待士人，表现他尊贤礼士的志向。当太后要他"就第"时，他就"上疏乞骸骨"。臣子向皇帝写信，就叫上疏。"乞骸骨"是中国封建时代的特殊用语，是官员向皇帝提出辞职退休的意思。乞求皇帝允许他将骸骨带回故里或封地。

刚即位的哀帝派遣尚书令告诉王莽，说明不同意他辞职。又派丞相孔光、大司空何武、左将军师丹、卫尉傅喜向太后请求，说"大司马即不起，皇帝即不敢听政"。王莽不管事，皇帝就不干了。在这种情况下，太后又令王莽干事。似乎在皇帝请求、太后允许、各大臣拥护下，王莽才出来辅政。这么"乞骸骨"，提高了身份，更巩固了他"大司马"的地位。

在身处各种角逐场中的人，常会遭到意想不到的危机。我们从历史上看到，李斯得到秦始皇的信任，却死于秦二世手里，贾谊得到汉文帝的赏识，却遭一批老臣的排挤。有赤诚之忠心者如比干、如屈原、如伍员、如蒙恬、如晁错，尽忠而死者比比皆是，因而留下了美名。文天祥的两句诗对此作了概括：

"人生自古谁无死，留取丹心照汗青。"有狡猾手段的如赵高，如后来的秦桧之流，虽然曾经一时得势，终究不能长久，也常有大祸临头的时候。因此，子石登吴山而四望，感慨而叹息："欲明事情（说真话），恐有抉目（伍员）剖心（比干）之祸；欲合人心（附和当政者），恐有头足异所（纣四臣）之患。"可见，君子常处于左右为难、进退维谷的危险境地中。后人有"伴君如伴虎"的说法。

王莽身居"三公"的大司马之位，又是太后的侄儿，似乎非常稳当了，而突然遭变，则出乎意料。当时，哀帝的祖母定陶傅太后和母亲丁姬都健在，高昌侯董宏拍皇帝的马屁，提出："《春秋》之义，母以子贵，丁姬宜上尊号。"儿子当了皇帝，亲生母亲丁姬应该有尊贵的称号。秦始皇的生母夏氏和养母华阳夫人，在秦始皇即位以后都称为太后。意思是说丁姬也应当尊为"太后"。

这时左将军师丹和大司马王莽共同攻击董宏，说他引亡秦作比喻，是"大不道"。哀帝新接班，采纳老臣的意见，"免宏为庶人"。傅太后大怒，强迫哀帝给她上尊号。哀帝就将傅太后尊为共皇太后，丁后为共皇后。这时有人又提出：定陶共皇太后中的这个"定陶"番号与皇太后这个大号不协调。应该去掉"定陶"这个番号，许多人表示同意。但哀帝的师傅师丹不同意，用定陶是妻从夫之义。定陶共皇的妻子当然要用定陶共皇太后。定陶共皇名义已经先确定了，就不能改动。儿子不能给父亲授予爵位，这是对父母的尊重，怎么能改动父亲的爵号呢？这自然只是一场争论。后来有一天，皇帝在未央宫设宴，主持者为傅太后安排一个座位，靠在太皇太后旁边。实际上，傅太后与元太后处在同等尊贵的地位上。王莽去视察，发现这种安排，认为傅太后是藩妾（指定陶），怎么能跟至尊的太皇太后并列，就让主持者撤去这个座位，在别处另设一个座位。傅太后知道后，大发雷霆，不肯赴宴，痛恨王莽。

王莽怎么办？他再一次"乞骸骨"，希望还像上次那样，有太后和其他同僚出面保荐，皇帝真诚挽留。但是，他的希望落空了。没有谁敢于出面保荐，皇帝也没有挽留他的意思，赐给他黄金 500 斤，安车驷马，罢掉大司马的职务，不到 40 岁就回到自己的封地养老去了。王莽走后，公卿大夫大多称颂王莽的政绩，皇帝耳软，又加恩宠，派使者到王莽家，又将黄邮 350 户加封给王莽。两年后，傅太后、丁姬都称尊号，这时，丞相朱博就出来翻老账，说王莽当时反对给傅太后、丁姬上尊号，是亏损孝道，应该斩首示众。幸蒙宽赦，也不应该有爵位，请求免为庶人。朱博主张取消王莽爵位。这时，皇帝心软，王莽又与太皇太后是亲属关系，不同意免为庶人，只是遣他回自己的封地去。

宫内有傅太后经常发难，朝廷上有丞相朱博这一类人揪住王莽不放松，别人也帮不上忙，连太皇太后也感到无能为力，汉哀帝也逐渐向傅太后屈服，而王莽的处境就十分困难了。

尽管在不利的情况下，王莽也有保护自己的能力。他首先采取杜门谢客的办法，夹着尾巴做人，少跟外人来往，避免惹是生非。其次，处事谨慎，严以律己，他的第二个儿子王获杀了奴仆，王莽狠狠地责备了一番，还要他自杀。这也是逆境中自我保护的一种办法。第三，王莽回到新都封地时，南阳太守派孔休为王莽服务，王莽患病，孔休做了护理工作，王莽很感激，就将玉器和宝剑送给孔休，孔休不肯收。孔休可能怕因此受到牵连，这也说明王莽当时的处境。

锦囊妙计

1. 一味横冲直撞的过河卒子，只会成为弃子。实力不够的时候，不知进退，下场就是头破血流。

2. 退是一种在不得已的情况下，解决问题的稳妥办法。对于那些有头脑的人来说，暂时的退不过是为了下一次更猛烈的进攻。

弱势时，要有弱势的觉悟

明白话

退步有时是为了获得更大的进步，就像体育运动中的跳远一样，为了跳出好成绩，退几步是必然的。许多人对后退常常不理解，认为是一种倒退。事实上，在前进中，双方对峙势均力敌的时候，干耗不是出路。当有一方出现异常而后退时，他的目的很明显：打破僵局，争取最大的冲击力。同样，生活和学习也是一样，在走进牛角而不能摆脱时，我们把问题放下，做一些其他的事情，在经过一段的放弃和精神松弛后，原本复杂的难题此时也许会变得非常简单，这就是以退为进，调换思维的结果。

曹操不乏英雄气概，但他也有退让的时候。他迎献帝都许昌后，并不是万事大吉，他当时还不能"挟天子以令诸侯"。

相反，曹操一时成为世人瞩目的人，也可以说成为众矢之的。

而曹操这时的力量并不强，与袁绍等人相比，更处于弱势。因此曹操采取后发制人的方略，将袁绍打败。

曹操的得势，袁绍有些后悔，他摆出盟主的架势，以许县低湿、洛阳残破为由，要求曹操将献帝迁到鄄城，因鄄城离袁绍所据的冀州比较近，便于控制献帝。袁绍还考虑到，鄄城是曹操的地盘，曹操容易答应。可是曹操在重大问题上不让步，断然拒绝了袁绍这一要求，而且还以献帝的名义写信责备袁绍说："你地大兵多，而专门树立自己的势力，没看见你出师勤王，只看见你同别人互相攻伐。"袁绍无奈，只得上书表白一番。

曹操见袁绍不敢公开抗拒朝廷，便又以献帝的名义任袁绍为太尉，封邺侯，实际上是试探。太尉虽是"三公"之一，但位在大将军（不常设）之下。袁绍见曹操任大将军，自己的地位反而不如他，十分不满，大怒道："曹操几次失败，都是我救了他，现在竟然挟天子命令我来了。"拒不接受任命。

曹操感到这时的实力还不如袁绍，他不愿意在这个时候跟袁绍闹翻，决定暂时向他让步，便把大将军的头衔让给袁绍。

自己任司空（也是"三公"之一），代理车骑将军（车骑将军只次于大将军和骠骑将军），以缓和同袁绍的矛盾。但由于袁绍不在许都，曹操仍然总揽着朝政。

与此同时，曹操安排和提升一些官员。以荀彧为侍中、尚书令，负责朝中具体事务，以程昱为尚书，又以他为东中郎将，领济阴太守，都督兖州事，巩固这一最早根据地；以满宠为许都令、董昭为洛阳令，控制好新旧都城；以夏侯惇、夏侯渊、曹洪、曹仁、乐进、李典、吕虔、于禁、徐晃、典韦等分别为将军、中郎将、校尉、都尉等，牢牢控制军队。

尽管如此，曹操还是表现得很谦恭，或者说颇有一段韬光养晦的日子。

比如杨奉荐举曹操为镇东将军，袭父爵费亭侯。曹操于是连上《上书让封》、《上书让费亭侯》、《谢袭费亭侯表》等，表明他"有功不居"。

在《上书让封》中曹操说：

我扫除强暴和叛乱，平定了兖、青二州，四方长官前来朝贡，皇上认为是我的功劳。从前萧相国因为用关中来支援前线的功劳，全家都得到封赏；邓禹因为帮助光武帝平定河北的功劳，得到了几个城的封地。按照实际，考核功绩，并不是我的功勋。我祖父中常侍费亭侯，当时只是随从皇帝车辆，服侍左右，既不是首要谋臣，又没有战功，到我已经三代都享受封爵。我听说《易经·豫卦》上说："利于封侯进军。"就是说有功的人才应当晋爵封侯。

又《讼卦》六三爻辞说："靠祖宗的功德吃俸禄，或者替王朝办事有功吃俸禄。"这是说：祖上有大功德，或者替王朝办事有功的，子孙才得吃俸禄。我想陛下对我降下像天地一样大、云雨滋润万物一样厚的恩泽，往上，记下我先辈服侍皇帝的应尽职责，又取我在兵事上像犬马奔走的效用，下诏奖励，给我的荣誉实在太大，不是我这愚蠢无才的人所能担当得起的。

在《上书让费亭侯》中谦恭地说：

我再三思考，祖先虽有扶助皇帝的微功，但不应受到封爵，何况到我已经三代。如果记下我在关东讨伐董卓的微小功劳，那都是祖宗神灵的保佑，皇上的圣德，难道是我的愚蠢鄙陋所能担当得起的。

在《谢袭费亭侯表》中又说：

以前大彭辅佐殷朝，昆吾帮助夏禹，功业成就以后，才对他们进行封赏。我的品德不行，统军没有战绩，屡次受到特殊的恩宠，下令褒奖我的功绩，不到一个时辰，三次诏命先后到来。给我双重的金印紫绶，让我担当一方的重任，我虽不明大义，也约略懂得自己的不够。

曹操深知自己还是弱者，因此对袁绍的要求要尽量满足，对朝廷的封赠表现出"力所不及"的谦恭。等到羽毛一丰满，他就大张挞伐，在所不计了。

官渡一战，曹操彻底打败了袁绍，但曹操还要在舆论上争取更多的支持者，以在心理上彻底打垮袁绍。因而，曹操上书献帝，讲袁氏家族世受国恩，却多不轨之徒，因此才举义兵收暴残。这是曹操善于利用舆论为自己表功的又一典型例证。

曹操用后发制人打败袁绍后，又以大英雄的心胸举止，来了个惺惺惜惺惺之行动。

袁绍官渡兵败，仓皇北还，不久即忧郁成疾，同年五月吐血而亡。

曹操攻破邺城，即令非其将令，不得擅入袁宅。当曹操完全控制了邺城后，做了一件常人无法理解的事，但于英雄又极富传奇色彩的事：泪祭袁绍。

他亲到袁绍墓前致祭，痛陈时世艰难，生灵涂炭之苦痛，历数他与袁绍相知相交，相约救民于水火的人生历程，又赞叹袁绍英雄业绩，但又终于人生行迹各不同云云。

风吹着袁绍的墓碑，头上有旗幡飘拂。曹操情辞激切，三军将士既感动又莫名其妙。因为他们俩到底是敌人呀！有说曹操是"匿怨矫情"。

曹操为什么要祭奠袁绍——一个曹操非常害怕的对手，一个最后国破家亡的败军之帅呢？

是的，袁绍是败了，且一败涂地。但谁又是永恒的胜利者呢？袁绍曾经不也是一个胜利者吗，一个赫赫然不可一世的英雄吗！

宋人刘敞在《题魏太祖纪》中剖白了曹操的心情，应当说甚得真意。他说，董卓乱国，袁、曹结盟，其艰难周旋，共当祸福。这其间有患难真情。等到后来各成气候，各人心目中又都有一个远大的目标，于是又互不容忍，乃至相互攻击，运兵血战。这并不是有什么硬是过不去、化解不了的世仇宿怨，不过彼此都要伸张自己的意气、志愿而已。到最后，胜负既明，国破家亡，曹操虽成大功，但这并不是当初他们相约时所愿看到的。因而，惺惺相惜，衷心感动，自然而然伤神陨涕，这就是所谓慷慨英勇之风也，必不能为心胸狭窄，小有所成则得意扬扬，幸己成、乐人祸之辈所理解。

又说："且夫为天下除残，则推之公义，感时抚往，则均之私爱，此明取天下非己义，破敌国非己怨也，其高怀卓荦，有以效其为人，固非龌龊之辈所能察也。"这里的"推公义"、"均私爱"，可谓将曹操祭袁绍之动机心情说尽。

～锦囊妙计

1.身处弱势时，一定要巧妙避开对方的锋芒。明知山有虎，偏向虎山行，勇气可嘉，但绝不是智慧之举。

2.从善于从对方弱处找机会，以对方的弱处为突破口，打蛇打七寸，才有可能以弱胜强，完成逆袭。

屈伸有度，才算大丈夫

明白话

屈伸相对，屈可为退，伸可为进，合为躲闪之功。在较量的各种场合，都不能不注意屈伸，否则就会掉进悬崖。有人说，屈伸有度，进退自如行天下，这是明白人熬过艰难关头的智举。

在长期的军事斗争生涯中，朱元璋非常注意斗争策略，从不凭一夫之勇蛮冲蛮打，鲁莽行事。有时候，敌人的力量相对强大，朱元璋能够保持清醒的头脑，不冒险攻击敌人，甚至做出某些让步，从长计议，以免吃眼前之亏。他很清楚，在军事斗争中，只贪一时之功，图一时之快，解一时之恨，危害是非常大的，有时还可能导致全军覆没，前功尽弃。只有具备了长远眼光和全局观念，有屈有伸，善于斗争，才有可能得到发展，夺取最后的胜利。

至正十三年（1353 年）十月，元朝丞相脱脱率师围高邮，分兵攻六合。六合的农民起义军派人到滁州来向郭子兴求援，郭子兴派朱元璋领兵出救。元兵排山倒海般地攻过来，六合城防御工事全被摧毁，朱元璋等将领指挥守兵拼命抵抗。后来，实在抵抗不住了，朱元璋只好组织全城军民撤退到滁州。元兵跟踪追击到滁州城外，朱元璋于中途设下埋伏，令部将耿再成佯装败阵逃走，引诱元军进入了伏击圈，把元军打得大败。这时，朱元璋十分清醒地意识到，虽然眼下打了个胜仗，但元军势力很强大，而滁州却是孤城无援，若元军再增兵围攻滁州，一定会吃大亏。于是，朱元璋就令城中父老把战场上获得的元军马匹辎重，并带牛、酒奉还元军。还告诉元军将领说：滁州城中全是良民，现在聚集在一起，纯粹是为了防御寇盗。我们愿意供应给大军军需给养，你们怎么分兵来打滁州呢？应当去攻打高邮才对，饶了这个地方的老百姓吧。元军打了败仗，丢失了一大批马匹和其他军需物资，害怕受到上司怪罪。正万般无奈时，一见来人送回了马匹辎重，还说好话求情，就引兵离去，"滁城得完"（《明太祖实录》卷一）。尽管朱元璋把元军引向高邮是不太道德的，但是，这仍不失为一个保全自己的好计策。

　　至正二十一年（1361 年），元朝大将察罕帖木儿进军山东，几乎占领山东全境。北边的军事形势急转直下，不但小明王的都城安丰难以保住，就连朱元璋的根据地应天也随之暴露在敌人面前，情势岌岌可危。朱元璋十分清楚，他所占领的地区几年来之所以比较安定，军事力量之所以得到了迅速发展，全凭小明王的红巾军主力在北边掩护。现在局势突变，万一安丰失守，就得直接面对元军的主力进攻。分析敌我实力，实在相差太远，硬打硬守显然是不行的，必须想出一个妥善的办法，避免和元军主力决战，以图生存和发展。在这种情况下，朱元璋决心向察罕帖木儿求和。他两次派使臣去见察罕帖木儿，送上重礼和亲笔信，请求通好，实质上就是表示投降。察罕帖木儿的威胁暂时解除了，于是，朱元璋抓住这个时机，西攻陈友谅。

　　朱元璋在对敌人发动进攻的过程中，有时遇到敌人实力较强，自己消耗太大，强攻得不偿失，他就会主动停止攻击，以等待时机。朱元璋渡江建立江南政权以后，为了安定自己的这个刚建立起来的大本营，就下决心先攻打张士诚。至正十七年（1357 年）七月，朱元璋在攻下常熟后，觉得张士诚部队的战斗力较强，有的据点动用兵力大，攻击时间长，很不容易对付，再打下去，不太合算。于是，他就主动中止了对张士诚的攻势，而把进攻的矛头指向浙东方向的元朝统治区。

朱元璋能够在瞬息万变的战争中，抓住有利时机，采取军事行动，以取得理想的战果。

至正二十七年（1367 年）前后，北方的几个元朝将领为争军权、抢地盘，一心一意打内战，拼得你死我活，杀得昏天黑地，谁也顾不上反元的势力。在军事将领之间打内战的同时，元朝统治阶级最上层宫廷的内部矛盾，也日益激化了。

宫廷的权利斗争与军队的相互厮杀有着密切的联系，并且相互利用，元朝统治阶级就分裂成为两个相互倾轧、残杀的集团。双方都要争夺政权，都有贵族官僚支持，都有军事力量作后盾，势均力敌，斗得不可开交，逐步形成了一个"鹬蚌相争，渔翁得利"的局面。朱元璋就抓住元朝内部打得难解难分、无暇他顾的有利时机，乘机东征南伐，扩大地盘，充实军事力量。当朱元璋北伐大军临近城下时，元朝的军事将领们才如梦初醒，急忙停止内战，但又不愿意和其他元将配合，不愿听其他元将指挥，还是各保一方，各自为战，这又为朱元璋集中优势兵力各个击破提供了良好时机。

至正十四年（1354 年）十一月，元朝丞相脱脱统兵百万大败张士诚于高邮（今江苏高邮），又分兵围六合（今江苏六合）。当时六合在赵均用、孙德崖队伍手中，危在旦夕，守将向郭子兴求救，六合在滁州东面，是滁州的屏障，六合一失，滁州顿危，但郭子兴与赵均用、孙德崖有嫌，拒不发兵。朱元璋认为，六合与滁州唇齿相依，不能不救。他说，六合被围，不救必毙；六合要是失陷，滁州马上不保，不能因小失大。郭子兴终于被朱元璋说服，决定发兵。

郭子兴决定发兵滁州，但诸将非常害怕元军百万之势，都借口求神不吉，推辞不去。关键时刻，又是朱元璋率兵救援，表现了他超人的胆量和气魄。朱元璋领兵来到六合，与耿再成将军合守瓦梁垒，元兵人多，每次进攻，都排山倒海，六合城的防御工事几乎全部被毁，朱元璋率军拼死抵抗，激战数日，元军仍然攻势凶猛，朱元璋觉得这样死守，就算全部拼死了恐怕也守不住，想要取胜，必须用计，才能够出奇制胜。

朱元璋把队伍全部撤入堡垒，并收拾好粮草，然后让全城妇女站在城门前大喊大叫，骂声此起彼伏，连续不断，攻城的元军都愣了，不知道出了什么事，站在原地呆呆地望着却又不敢前进。这个时候，全城人马乘此机会列队而出。妇女和牲畜在前，青壮年在后，浩浩荡荡往西走，等到快要撤到滁州城的时候，元兵才知道上了当，急忙策马加鞭去追，却没料到又中了朱元璋的埋伏，这时，滁州城里战鼓齐鸣，响声震天，全部兵马倾城而出，元军大败。朱元璋获马匹无数，这时候朱元璋的头脑非常冷静，他没有被暂时的胜利冲昏头脑。他认为，元朝军队兵多将广，很快会再来攻城，必须设计使元军退兵，不敢再来进攻。于是，他派地方上的父老乡亲抬着酒赶着牛去犒劳元兵，并将缴获的马匹送还给元将，并且口口声声称城中全是良民百姓，因兵荒马乱，结寨自保，其目的是防盗，并不是有意和元军作对，元将信以为真，下令引兵到别的地方去了。滁州得以保住，六合解围。

在六合保卫战中，朱元璋开始是勇救六合，后来又设计制止并使元军退去，初步显示出他出奇制胜、善用心计和远见卓识的军事才能。表现了他那大智大勇的英雄气概，他那临危不惧，顾全大局的做法，赢得了全体官兵的赞许和敬佩。

元军退去之后，郭子兴非常兴奋，脑子一热，非要在滁州称王不可。

朱元璋极力反对，他劝郭子兴，认为滁州是座山城，既不通船只、商贾，又无险可守，不是长久立足的地方。在此称王只能树大招风，招致元军再次来攻城，这绝对不是明智之举。郭子兴听了以后，沉思良久，最终，称王的事被暂时搁浅。

从至正十二年（1352 年）七月，彭玉莹在杭州战败被俘牺牲，红巾军的反元斗争开始步入低潮。同年十一月，另一重要战将项普略在徽州被捕就义，南方红巾军节节失利。

到至正十三年（1353 年）年底，徐寿辉兵败，被迫率部退入黄梅山一带。王权的北琐红巾军和孟海马的南琐红巾军也于这二年相继被打垮，使北方红巾军的两翼失去屏障，风云突变，形势严峻，刘福通率领的红巾军主力被迫采取守势。

再回过头来说朱元璋，滁州虽然暂时保住了，但在不远处脱脱率领百万元军猛攻高邮，对朱元璋形成了极大的威胁。张士诚拼死坚守高邮，外城仍然被元军攻破，眼看就坚持不住了。就在这个时候，奇迹出现了。元朝上层统治阶级矛盾激化，所以在关键的时候，脱脱的兵权被解除，高邮城外的元军失去主帅，乱成一片。张士诚看准机会，抓住时机率领大军全力出击，大获全胜。高邮一战，可以说是元朝自己打败了自己。从此，元军士气低落，一蹶不振。高邮之战是农民起义军新的起点。刘福通率领的北方红巾军也开始大举反攻，并于至正十五年（1355年）二月，拥立韩山童的儿子韩林儿为小明王，建立了农民政权，国号宋，年号龙凤，都城就建在亳州（今安徽亳县）。

随着斗争形势的好转，滁州也转危为安。朱元璋想主动出击，滁州严重缺粮，而城中屯聚着大军有四万之多，如果长期如此下去，时间一长，军心肯定会变得涣散，他建议向南攻取和州（今安徽和县），让兵士到那里去，以此来解决缺粮的问题。同时，他又向郭子兴建议说："和州不能力胜，只能智取。"朱元璋讲，从前攻民寨时，曾得庐州兵三千，今选三千勇士，椎结左衽，穿着青衣，扮作北军模样，用四头骆驼载着货物，声言是庐州兵护送北使入和州犒赏将士，再以红巾军万人潜随其后，等青衣兵骗开城门，举火为号，红巾军可乘其不备攻入城中。

郭子兴认为朱元璋的建议可行，进攻和州的问题也能得以顺利解决，因此，他采纳了朱元璋的计策，派妻弟张天佑带着青衣兵袭取和州，又命朱元璋领兵前去支援，结果一举拿下和州城，郭子兴获得捷报后，提升朱元璋为统帅和州兵马总兵官。

锦囊妙计

1. 上例讲战事中的攻守屈伸，做人办事也应当如此，因为人生的硝烟不亚于战场。你应该善于把握时机，屈伸有度，熬过难关。

2. 屈，应该只是权宜之计。人可以屈，但不要失了志气。倘若只屈不申，志气全无，那便是窝囊了。

第六　揣度

看懂人性法则，做事用巧劲

懂得察言观色，才不会失去分寸

明白话

做人办事离不开透视人心，再者还要学会把透视的"东西"加以利用，这样才能制胜。也就是说如果你能顺利地看透对方的本意，事情是不是就算完了呢？不，双方的斗智这时才真正开始。能透视对方的内心，只不过使你得到一种有力武器罢了，更重要的是，你要如何使用抓在手中的这把利器？如果不懂得使用的方法，只知道手拿利器乱挥乱舞，不但不能击中别人，相反，很有可能伤害到自己，因此切勿乱用这把容易伤人的利器。

首先介绍一段因为夸耀自己有先见之明而导致失败的故事。

魏王的异母兄弟信陵君，在当时名列"四公子"之一，知名度极高，因仰慕信陵君之名而前往的门客，达 3000 人之多。

有一天，信陵君正和魏王在宫中下棋消遣，忽然接到报告，说是北方国境升起了狼烟，可能是敌人来袭的信号。

魏王一听到这个消息，立刻放下棋子，打算召集群臣共商应敌事宜。

坐在一旁的信陵君，不慌不忙地阻止魏王，说道：

"先别着急，或许是邻国君主出行围猎，我们的边境哨兵一时看错，误以为敌人来袭，所以升起烟火，以示警诫。"

过了一会，又有报告说，刚才升起狼烟报告敌人来袭，是错误的，事实上是邻国君主在打猎。

于是魏王很惊讶地问信陵君：

"你怎么知道这件事情？"

信陵君很得意地回答：

"我在邻国布有眼线，所以早就知道邻国君王今天会去打猎。"

从此，魏王对信陵君逐渐地疏远了。

后来，信陵君受到别人的诬陷，失去了魏王的信赖，晚年沉溺于酒色，终致病死。

任何人知道了别人都不晓得的事，难免会产生一种优越感，对于这种旁人不及的优点，我们必须隐藏起来，以免招祸，像信陵君这样知名的大政治家，因一时不知收敛而导致终身遗憾，岂不可惜？

下面再说一段和信陵君情形刚好相反的故事。

齐国一位名叫隰斯弥的官员，住宅正巧和齐国权贵田常的官邸相邻。田常为人深具野心，后来欺君叛国，挟持君王，自任宰相执掌大权。隰斯弥虽然怀疑田常居心叵测，不过依然保持常态，丝毫不露声色。

一天，隰斯弥前往田常府第进行礼节性的拜访，以表示敬意。田常依照常礼接待他之后，破例带他到邸中的高楼上观赏风光。隰斯弥站在高楼上向四面望，东、西、北三面的景致都能够一览无遗，唯独南面视线被隰斯弥院中的大树所阻碍，于是隰斯弥明白了田常带他上高楼的用意。

隰斯弥回到家中，立刻命人砍掉那棵阻碍视线的大树。

正当工人开始砍伐大树的时候，隰斯弥突又命令工人立刻停止砍树。家人感觉奇怪，于是请问究竟。隰斯弥回答道：

"俗话说'知渊中鱼者不祥'，意思就是能看透别人的秘密，并不是好事。现在田常正在图谋大事，就怕别人看穿他的意图，如果我按照田常的暗示，砍掉那棵树，只会让田常感觉我机智过人，对我自身的安危有害而无益。不砍树的话，他顶多对我有些埋怨，嫌我不能善解人意，但还不致招来杀身大祸，所以，我还是装着不明不白，以求保全性命。"

这一段故事告诉我们，知道得太多会惹祸，这也是中国古代聪明人的一种明哲保身之策。

现代的人心透视术也正要注意此点，不要让对方发觉你已经知道了他的秘密，否则完全失去了透视人心的意义。不过，如果故意要使对方知道你能看穿他心意的话，当然就不在此限之内。

辛苦得到的透视人心武器，究竟应该如何运用？这要视各人的立场来决定。不过，韩非子告诉了我们一个大原则。

韩非子生于战国时代，是一位与韩国王室有血缘关系的贵族公子。

韩非子的祖国韩国，在战国七雄当中，势力最弱，前途黯淡，命运有如风中灯草。而七强之中最早实行法治政策的秦国，日益强盛。因此韩非子认为，要挽救祖国的命运，势必要实施革新政策，以达成富国强兵的目的。

然而，韩王的优柔寡断，加上众臣强烈的反对，使得强化国家的政策难以推行。韩非子所建议的透视臣下，进而控制众臣的种种方法策略，就构成《韩非子》五十五篇。

不过，韩非子实施新政的障碍，并不只是那些横行跋扈的贵族显要，韩王本身的顽固，也是韩非子应该立刻解决的问题。所以，韩非子想要先行透视韩王的心意，然后再进行游说工作。当然，想要说服韩王，并不是简单的事情，弄不好还可能招来杀身大祸。

那么透视对方内心之后，应该进一步处理的原则是什么？

在对有可能遇到的各种情况进行分析之后，韩非子对此做出了总结：

进言的内容如果触犯君王正在秘密计划的事情，进言者就有生命的危险。

对于君王表里不一的计划，如果只知道他的表面工作，尚不致发生危险；万一透视到他内部的计划，进言者就要担心自身的安危了。

君王有过失时，如果这时摆出仁义道德的态度来指责他的话，也会危及性命。

透视到君王想利用某人的意见，并想以此来显示自己如何英明的话，进言者就会发生性命危险。强制君王做他能力所不及的事情，或是要他做进退两难的事情，进言者都可能有性命之忧。

以上的说法，和我们今日的观点相同——知道太多容易招祸。

那么，难道我们就因为危险而退缩不前了吗？这样岂不失去谏言的目的？所以，韩非子又提出了一些方法，使得进谏之人在看穿对方心意之后，以免招惹祸端。

对方自以为得意的事情，我们要尽量加以赞扬；对方有可耻事情的时候，要忘掉不提。

当对方因为怕被别人议论为自私而不敢放手去做的时候，应该给他冠上一个大义名分，使他具有信心放手去做。

对于自信心十足，甚至有些自负的人，不要直接谈到他的计划，可以提供类似的例子，从暗中提醒他。

要阻止对方进行危及大众的事情时，需以影响名声为理由来劝阻，并且暗示他这样做对他本身的利益也有害。

想要称赞对方时，要以别人为例子，间接称赞他；要想劝谏时，也应以类似的方法，间接进行劝阻。

对方如果是颇有自信的人，就不要对他的能力加以批评；对于自认有果断力的人，不要指摘他所做的错误判断，以免造成对方恼羞成怒；对于自夸计谋巧妙的人，不要点破他的破绽，以免对方痛苦难过。

说话时考虑对方的立场，在避免刺激对方的情况下发表个人的学识和辩才，对方就会比较高兴地接受你的意见。

不用多说大家也会知道，以上的进谏方法，适合于下级对上级，也可以适用于一般的人际关系。如果能够站在对方的立场，替他考虑分析的话，那么你就可以真正取得对方的信任。

"站在对方立场来考虑"的人心透视法，这个方法同时也能适用于透视对方之后的下一步对策。

这种方法说得更明白一点，就是在不使对方洞察你的意图的情况下，让对方在不知不觉中自己去体会、认识。这其间的技巧，就在于从旁策动，使对方以为自己原来就打算这样做，丝毫也没有发觉自己正为他人所左右着！

锦囊妙计

1. 孔子曾说："夫达也者，质直而好义，察言而观色，虑以下人。"

意思是说，一个人想要前程如锦、四通八达，不仅要三观正讲正义，同时也要学会察言观色，要方圆周正才能左右逢源。

2. 察言观色应该不动声色，让一切计划进行得自然而然，这样才能使你的策略实行得圆满顺利。

小心提防人性中的晦暗阴损

看透人，才能办成事，这是成功的硬道理。但有些人是很难一下被看透的，关键是他们包裹得太严。在古代，有些人不仅给自己戴上面具，上面还要多涂一层油彩，这就需要在他身边的人能够看透他的面具，一步一步辨清人。

颜真卿不只是一位伟大的书法家，也是唐代最为杰出的忠贞大臣，安禄山起兵叛乱时，河北 20 余郡望风而降，唯有他，以一座小小的平原郡城，孤军独立，誓不降贼，成为抗击叛军的中流砥柱，赢得唐玄宗极大的赞叹。以后，他历肃宗、代宗、德宗几朝，德高望重，天下景仰。

奸相卢杞当权，容不下这样的老前辈，先是想将他挤出朝廷，问他："想安排你去外地任职，你看哪里对你比较合适？"

颜真卿在朝堂中当众回答道："我这个人由于性子耿直，一直被小人所憎恨，遭到贬斥流放也不是一次两次了。如今我老了，希望你能有所庇护。当年安禄山杀害了你的父亲，将首级传到那里，以威胁我投降，我见到你父亲脸上的血迹，不敢用衣巾擦拭，是我以舌一一舔干净的，难道你还不能容下我吗？"

这一番掷地有声的话，使卢杞不禁惶然悚然，立即对颜真卿下拜，但心中更恨他了。那时，割据淮西的藩镇李希烈起兵反叛朝廷，自称天下兵马都元帅，气势汹汹。德宗向卢杞问计如何平息，奸诈的卢杞决心利用这个机会来除掉颜真卿，便对德宗说："李希烈是个年轻的悍将，恃功傲慢，他的部下不敢阻止他。如果朝廷能派出一位儒雅重臣，向他宣示陛下的恩德，陈述逆顺祸福的道理，李希烈必然会革心悔过，这样就不必大动干戈而将他收服。颜真卿是几朝重臣，忠直刚强，名重海内，人人都敬服，他去最为合适。"

那个不辨忠奸的德宗皇帝完全听从卢杞的意见，朝中有识之士无不为之震惊。有人劝告颜真卿说："你一去必然会遇害，暂且留下来，看一看朝廷会不会有新的命令。"颜真卿慨然道：

"国君之命，怎么能够不从？"也有人上书朝廷说："失去了一位元老重臣，这是国家的耻辱！请将颜真卿留下吧！"

颜真卿义无反顾，受命即行。到了李希烈那里以后，李希烈使出各种手段，用尽威逼利诱之能事。时而派出一千多名士兵，拔出匕首，围着颜真卿，张牙舞爪，似乎要将他一刀一刀地割碎生吃；时而又在他住的馆舍挖个大坑，声言要将他活埋；

时而又架起干柴，浇上油，燃起熊熊烈焰，威胁要烧死他；时而又劝他拥戴李希烈为天子，并许愿封他为宰相。对这一切颜真卿不为所动，大义凛然，最后终于被杀害，令人叹息！

在古代，借人治人的手段不仅为奸佞大臣所常用，那些住在后宫里的女人为了争宠，也喜欢运用此法，酿成无数悲剧。

唐高宗时，皇后与武则天争宠，互相在皇帝面前诋毁对方。

高宗虽然比较偏向武则天，但还没有打算要废黜皇后的意思。武则天为了登上皇后宝座，丧心病狂地策划了一场阴谋。武则天有一个女儿，高宗、皇后很喜欢这个婴儿，常来看望。一天，皇后来看孩子，武则天**借故躲避**，皇后独自一人逗孩子玩了一会儿，就离去了。皇后一走，武则天马上进屋，把自己的亲生女儿活活扼死，再用被子原样盖上。隔了一会，高宗来看孩子，武则天假装和他说说笑笑，等皇帝要她抱孩子时，她拉开被子，惊叫一声，立即大哭起来，高宗上前一看，原来他极其喜欢的这位小千金早已手足冰凉，死去多时了。高宗龙颜大怒，叫来宫女、太监询问有谁来过此地，他们只得说皇后不久前来过，高宗于是认定是皇后与武则天不和而下此毒手。这时，装得悲痛之极的武则天又把平时收集的皇后过失，一一向高宗诉说，高宗因此有了废黜皇后的打算。就这样，武则天借刀杀人，嫁祸于人，为自己登上皇后宝座扫清了道路。

锦囊妙计

1. 我们做人办事，一定要防止那些小人行为，不被他们的奸诈所蒙欺，要能及早地一步一步辨清小人，看透他们，防止出现失手，即防止别人借刀杀人，留下遗憾。

2. 对于小人，能避则避，即使遇到挑衅与攻击，也要尽量保持冷静和理性，不要轻易与他们爆发冲突。招惹小人，无论如何都不是一件好事。

摸清楚情况，再下手段

明白话

人与人之间都是相互依存的，怎样才能做到你知我知，相当重要。

这就是说，看透对方，才能不至于陷入误区，才能行之有效地处理棘手的问题。

"口蜜腹剑"是人们对唐朝宰相李林甫的最确切形容，李林甫自然是奸佞邪恶小人，而此处的"口蜜腹剑"则是刘邦用来对付奸佞邪恶的小人赵高的。

刘邦西进后，进展还算比较顺利。部众也由原来的数千人，发展到了近十万人，他踌躇满志地向武关进军。

武关，在今陕西省丹凤县境内，是古代秦国关中腹地的南大门。它背依高峻的少习山，俯瞰湍急的武关河。雄奇的关城，坐落在崇陵峡谷间一块较高的平地上。关城墙壁立如刀削，只有一门相通。自古以来，它就是秦楚交通的咽喉要地。春秋时期，这里开始设关，因山得名，称"少习关"。

战国时期，秦国崛起，极力向外扩张，便改"少习关"为"武关"，寓含向东方各诸侯国耀武扬威之意。同时，对故关城墙大加修葺，使之与关中东部的函谷关、西部的大散关、北部的萧关并称为"秦之四塞"。

当年，楚怀王轻信秦国谎言，不听屈原等忠臣义士的劝告，亲赴武关与秦言和，结果被扣为人质，押解囚禁于秦都咸阳，最后客死他乡，酿成千古遗恨。唐代大诗人杜牧经过此地，忆起这段史迹，触景生情，写了一首《题武关》的诗：

> 碧溪留我武关东，一笑怀王迹自穷。
> 郑袖娇娆酣似醉，屈原憔悴去如蓬。
> 山墙谷堑依然在，弱叶强吞尽已空。

今日圣神家四海，戍旗长卷夕阳中。

刘邦率军来到武关，想起怀王的这段往事，也百感交集，慨然长叹。他环顾四周，但见崖高壑深，路窄难行，易守难攻。关上秦军，居高临下，虎视眈眈。刘邦心里盘算：

如若驱兵强攻，势必造成惨重伤亡，一定要想另外的办法，以计取胜。

这时，营外通报：秦军丞相赵高派使来与刘邦讲和，声称：只要沛公答应与丞相合作，丞相愿意献出咸阳，二人平分关中，共同称王。

对赵高其人，刘邦很是了解。

赵高出身于原赵国一个贵族之家，后来家境没落，随父母流亡到秦国，因父母触犯了秦律，受到严惩，他也受牵连而被处以宫刑，沦为官奴，在秦王宫廷里服杂役。赵高对自己的"卑贱"地位一直耿耿于怀，总想千方百计出人头地，改换门庭，凭着他的小聪明，又通晓狱律法令，不久就赢得崇法尚刑的秦王政的欢心。秦王政灭掉六国，更名为"始皇帝"，赵高亦被任为"中车府令"，管理宫廷车马辇舆，同时执掌秦朝的印符玉玺，为皇帝起草诏书命令，还兼任公子胡亥的师傅，给胡亥讲授法律。为了取悦胡亥，赵高常常把宫廷机密要闻透露给胡亥，胡亥因而把赵高当作知己。

秦始皇为求得长生不老之术，带着丞相李斯、中车府令赵高和幼子胡亥，进行第五次巡游。他祭祀完大禹又去寻找神仙乞求长生不老仙丹。百般折腾了好几天，仍然一无所获，就在返京路上身染重病而亡。

秦始皇临死前，嘱托赵高给远在上郡监军的大儿子扶苏写信，让扶苏赶快回咸阳来料理丧事，并继承帝位。可赵高忌恨扶苏为人正派，便串通胡亥，胁迫丞相李斯，销毁了秦始皇的遗命，伪造了一道诏书，逼使公子扶苏自杀，硬是把胡亥立为秦朝的二世皇帝，他自己则由中车府令擢升为"郎中令"，成为秦朝中央政府九卿之一，执掌宫廷门户，统率皇帝侍从，操纵了国家大权。

赵高假借二世皇帝之手，杀掉了多次大败匈奴、在北方监修长城的杰出将领蒙恬和他的兄弟蒙毅等一大批对秦朝赤胆忠心的官员，还杀死了胡亥的哥哥、姐姐等皇室宗亲好几十人，弄得"宗室震恐"，"群臣人人自危"。

李斯在秦始皇统一六国的过程中，曾经出了很大力。秦始皇对李斯也非常信任，由客卿而升为廷尉，又由廷尉而升为宰相，成为秦朝的实权人物。可李斯有个很大的毛病，就是把个人的功名利禄看得十分重。他未出仕的时候，看见钻在厕所里的老鼠，吃的是粪便，还总是受到人和狗的惊扰，成天惶恐不安；而谷仓里的老鼠，吃的是粮食，住的是宽敞的库房，却不会遇到人和狗的恫吓，过得自由自在。他由此浮想联翩，大发感慨，说："一个人有没有出息，就好像'仓鼠'和'厕鼠'一样，完全是由所处的社会地位决定的。"

他给自己立下的政治信条为："地位卑贱，是莫大的耻辱；

政治穷困，是莫大的悲伤。"赵高像一只逐臭的苍蝇，死死抓住李斯的这个弱点。秦始皇客死沙丘，他为了利用"丞相"这块招牌，极力用功名利禄诱惑李斯，终于迫使李斯就范，上了贼船，成为他篡权阴谋活动的骨干。

阴谋得逞，李斯立了大功，但却成了赵高索取最高权力的障碍。赵高决心除掉李斯，取而代之。

他装出一副博学多才的神态，对二世皇帝说："陛下身为天子，可知道天子怎样才能显得尊贵？"二世皇帝听不懂这个话，摇了摇头。赵高解释说："天子所以尊贵，就是让臣下只能闻声，不能见面。陛下年纪还轻，不一定样样事情都懂，如果坐在朝廷上，成天和大臣们议论国政，难免有的话会说错。天子说错了话，就会被臣下看轻。为陛下设想，不如深居后宫，等着大臣们奏事。事情奏上来了，在宫中和几个娴熟法令的人一块儿商量，商量出好办法了，再交给臣下去办，这样，臣子们都会以为陛下十分英明。"

二世皇帝认为这是个好主意，便天天深居后宫，与宫女们嬉戏玩乐，朝廷大事全被扔到一边。赵高掌管宫廷警卫，连丞相也不能进去奏事。李斯对此十分着急，去找赵高想办法。赵高告诉他："等皇帝空闲的时候，我再通知你入宫奏事。"此后，每当二世皇帝与宫女们玩得兴趣正浓时，赵高便派人召李斯进宫，因此，李斯每次来得都不是时候。结果事情没能奏成，还惹二世皇帝大发雷霆，认为李斯是有意找别扭。赵高趁机诬告李斯有野心，想当诸侯王，还说李斯的儿子李由与犯上作乱的陈胜、吴广相勾结。李斯被加上"谋反"的罪名下了大狱。

为了使李斯认罪，赵高指派亲信，扮成二世皇帝的使者，把李斯打得死去活来。李斯受刑不过，只好屈招。后来，被处死在咸阳街头。赵高这时的权力达到顶峰，登上相位，朝中一切由他裁决。然而他还不满足，于是，又演了一场"指鹿为马"的把戏。

这一天，二世皇帝临朝，赵高把一只梅花鹿牵到大殿上。二世和大臣们大眼瞪小眼，不知道是什么用意。赵高神情端庄地给二世皇帝行了一个礼，大声说道："这是臣刚刚得到的一匹宝马，诚心敬献给陛下！"

二世皇帝眨巴眨巴两眼，满脸疑惑地说："这是一头鹿，丞相怎么说它是一匹马？"

赵高仍是一本正经，声音又往高提了提，说："这明明是一匹马。请陛下再问问群臣，让他们鉴别鉴别。"

这一问，满朝文武大臣面面相觑，一会儿议论声四起，有的说是马，有的说是鹿。结果凡是说鹿的大臣，都给加上各种罪名，予以处决。从此以后，赵高说的话，谁也不敢反对。

赵高就是这样一个飞扬跋扈、奸佞无比的阴谋小人。尽管他能控制秦二世和朝中大臣，可对迅猛发展的农民起义军，却毫无办法。

刘邦率军向武关挺进的时候，派了一个叫宁昌的人"使秦"，以和平谈判为掩护，目的是打探秦统治集团内部的消息。刘邦的军队打到关中的南大门了，咸阳城里一夕数惊。

赵高也沉不住气了，想了个以退为进的办法，派亲信人物代表自己赴武关与刘邦谈判，企图保住手中的权力。

刘邦虽然急于入关，早点做"关中王"，却不肯与赵高这样阴险的人物同流合污，但他觉得可以对赵高的阴谋加以利用。于是他十分热情地接待了赵高派来的使者，并煞有介事地与其谈判，同时故意把谈判的情况四处张扬，大造和谈将成的舆论。

武关守将初见大兵压境，惊恐万分，又是增派岗哨，又是加固城防，秣马厉兵，日夜警惕。如今看着朝廷派来的使者与刘邦谈判，双方置酒把盏，握手言欢，一颗高悬的心落了地，对部下的管束也不严了，派出去的岗哨也撤回来了。

第二天天色未明，刘邦出其不意，挥军进攻，一举攻占了武关。武关守将睡梦未醒，便束手就擒。赵高的使者见势不妙，慌忙逃回咸阳报信。

锦囊妙计

1. 刘邦看透人心，巧妙应对，稳住对方，暗中布阵，然后一举攻城夺地，实是高明之策。这种手法，在谈判上是惯用的，但高明的竞争一定是胜过看透人心再出手。

2. "先谋后事者昌，先事后谋者亡"，此言诚为至理！行事之前，必洞悉事物之本质，而后付诸行动。恰如《太公金匮》所云，谋略若得宜，方能事半功倍，成效卓著。

第七 硬控

摆脱无力感，拿回局面主动权

别在小事之中不断内耗自己

明白话

　　大小相对，大可指全局，小可指局部。要做大事，须纵观全局，不可纠缠在小事之中摆脱不出，否则就会一事无成。

　　《郁离子》中讲了这样一个故事：赵国有个人家中老鼠成患，就到中山国去讨了一只猫回来。中山国人给他的这只猫很会捕老鼠，但也爱咬鸡。过于一段时间，赵国人家中的老鼠被捕尽了，不再有鼠害，但家中的鸡也被那只猫全咬死了。赵国人的儿子于是问他的父亲："为什么不把这只猫赶走呢？"言外之意是说它有功但也有过。赵国人回答说："这你就不懂了，我们家最大的祸害在于有老鼠，不在于没有鸡。有了老鼠，它们偷吃咱家的粮食，咬坏了我们的衣服，穿通了我们房子的墙壁，毁坏了我们的家具、器皿，我们就得挨饿受冻，不除老鼠怎么行呢？没有鸡最多不吃鸡肉，赶走了猫，老鼠又为患，为什么要赶猫走呢？"

　　这个故事包含了这样一个简单的道理，任何事情有好的一面，自然也有存在问题的一面，但是我们应该看其主流。赵人深知猫的作用远远超过猫所造成的损失，所以他不赶猫走。日常生活之中确实有像赵国人家的猫那样的人，他们的贡献是主要的，比起他们身上的毛病和他们所做的错事来，要大得多。如果只是盯住别人的缺点和问题不放，怎么去团结人，充分发挥人才的积极性呢？

同样在处理事情的时候，一味地强调细枝末节，以偏概全，就会抓不住要害问题去做工作，没有重点，头绪杂乱，不知道从哪里下手做起才是正确的。因此无论是用人还是做事，都应注重主流，不要因为一点小事而妨碍了事业的发展。须知金无足赤，人无完人，我们要用的是一个人的才能，不是他的过失，那为什么还总把眼光盯在那过失上边呢？

古人把对小节不究看做是一个人能否成大事的关键。他们提倡的是胸怀大局，不纠缠于细枝末节，看重的是人的才干，而不是他的问题。能够宽恕他人的短处和过错，不因为人才有哪一方面的缺陷就放弃使用，这是忍小节的中心内容。

所以《列子·杨朱》篇中讲："要办大事的不计较小事；成就大功业的人，不追究琐事。"

历史上那些明智的统治者正是认识到了这一点，广泛地招贤纳士，集合起天下有智慧的人为自己的统治服务，进而完成自己的雄心壮志。相反，嫉贤妒能，因为别人有一点小问题，就置人才于不用的人则十分愚蠢。

宁戚是卫国人，他在车旁喂牛，敲着牛角高歌。齐桓公见了认为他非同寻常，就打算起用他管理国家。臣子们听说了此事，觉得慎重起见，应该多了解一下有关宁戚的背景，就劝齐桓公说："卫国距离我们齐国不算远，可以派人去那里打听一下宁戚的情况，如果他果然是个有才德的人，再使用他也不算晚呀！"齐桓公听了以后说："你们所以建议我派人去打听，是怕宁戚有些什么小毛病、小错误而对他不放心的缘故。如果仅仅因为一个人有些小毛病而抛弃他，不使用他的真正的大才，这正是世人失去天下贤士的原因。"随后齐桓公力排众议，提拔重用了宁戚，让他做了上卿。齐桓公充分认识到作为一个统治者，在用人方面应该看重什么，不应该计较什么，所以他才能不计人才的小毛病，提拔重用了一批有才干的贤士，自己成为霸王。如果相反，不看人才的主流，用条条框框去限制用人，哪一个人能够符合标准被重用呢？

相传子思住在卫国，向卫王推荐荀息时说："他的才能可以率领 500 辆战车，可任命他为军队的统帅。如果得到这个人，就会天下无敌。"卫王说："我知道他的才能可以成为统帅，但是荀息曾经当过小吏，去老百姓家收赋税，吃过人家两个鸡蛋，所以这个人不能用。"子思说："圣明的人选用人才，就好像高明的木匠选用木材，用它可用的部分，抛开它不可用的部分。所以杞树、梓树有一围之大，但有几尺腐烂了，优良的木匠不敢弃它，为什么？那是因为知道它的妨害很小，最后能做成非常珍贵的器具。现在您处在战国纷争的时代，要选取可用之才，只是因为两个鸡蛋就不用栋梁之材，这种事可不能让邻国知道啊！"卫王再一次拜谢说："接受你的指教。"险些因为两个鸡蛋就葬送了一个军事统帅，要不是卫王能够认真听取子思的意见，哪里再去找一个领兵打仗的干将呢？荀息的故事给我们以启发，不能因为这么一点小事，就放弃不用具有大才干的人，而任用那些没有问题也没有才干的人。

在历史上和日常生活中，我们都遇见过这样的人，他们看问题往往不注重大局，只拘泥于小节；他们看待人，也不看别人的主流，而是纠缠于一点小过失。

司马光在《谏院题名记》中说："处在这个官位的人，应当从大处着眼，舍弃细小之事。"

这是对每一位统治者的告诫，也是对所有人的告诫。作为统治者从大处着眼，不计较小事小节，能够忍受自己的部下犯错误，宽以待人，才能使他们的智谋为自己所用。

西汉的陈平家里很穷，可是他从小就喜欢读书，因此村里举行社典，都由陈平主持，并帮助屠户分肉，分得很公平。乡亲说："不错，姓陈的小子分得好。"陈平说："唉，如果让我分割天下，天下也会像这肉一样被处理得很好。"起初陈平为魏王做事，因出错而不被重用。离开魏王去跟随项羽，结果又因犯了罪跑掉了。

后来楚王在荥阳包围了汉王，汉王对陈平说："天下动乱纷争，什么时候才能安定？"陈平说："项王的正直之臣，只有亚父等几个人，现在若用反间计使他们互相猜疑，我们就一定会攻破楚国。"于是汉王给陈平四万两黄金，让他去实施计策，从不过问金子的使用情况。陈平运用反间计，使项羽特别猜忌亚父，不再用范增的计策，因此击败了楚国。

陈平在归顺汉高祖前，曾经为魏王、项羽等人服务，由于名声不好，都没有受到重视。而汉高祖重用他，运用他所出的方案、妙计，获得了楚汉相争的胜利。

锦囊妙计

1. 一个人的成功不是偶然的，与其善于选择人生大目标、从大处考虑密切相关。你应当从中悟出"从大处着眼"的成功之道！

2. 不要过度关注小事，小事常会使人陷入无休止的纠结中，从而延误了真正重要的事情。摆脱小事对于自己的消耗，将精力集中在优先级别的事情上，我们的工作和生活才能进入高效率车道。

用不同的心态应对不同的人

📕 明白话

人的生存，大概有两种主要的定位，一是那种不甘久居人下，而要做自己事业的人，这种人先用"投入法"，然后再用"成己法"作为自己的生存手段；一是出于某种现实的考虑，就是要把自己变成奉献心力替别人做事的人。把自己定位为后者的人，一定要注意择人。在曹操看来，择人是一件复杂的智力活动，直接影响成败，因此他用不同的对策去应对不同的人，以便谋成大事。

郭嘉原为袁绍宾客，聪明绝顶，富于思考，袁绍非常看重他。但郭嘉在和袁绍相处数十日后，便对袁绍的谋臣辛评和郭图表示：

"奉献心智替别人做事的人，最要紧的是懂得选择主人；选对主人后，才能全力以赴，建立功名。袁公虽礼贤下士，却不懂得用人及驱使人的要领，好使谋略却又不懂得当机立断，这样的领袖在乱世中很难获得成功，即使想雄霸一方都不太容易。我打算立刻离开这里，去寻找真正值得我扶助的主人。"

辛评和郭图表示："袁氏四世三公，有恩德于天下，早获得北方各州镇大小军团拥戴，是当今首席雄主，除了他，还会有谁称得上值得扶助的主人呢？你到底想去哪里啊？"

郭嘉知道郭图等无法领会他言中的深意，乃单独离去。

经由荀攸介绍，曹操在与郭嘉共论当前天下大势后，非常高兴地表示："他日帮助我成大功、立大业的，就是这个人了。"

郭嘉在见到曹操以后，也很高兴地对别人说："这才是真正值得我扶助的主人呢！"

曹操虽为一员武官——典军校尉，但当天下大乱、董卓进洛阳擅权的时候，则给他带来了重新给人生定位的新契机。

董卓在控制献帝，权利炙手可热的时候，想笼络曹操，这对曹操的选择就是一个考验。董卓对曹操的才干，久有所闻，他任命曹操为骁骑校尉，并与其共商大事，想把曹操收为心腹。但曹操对董卓的为人是了解的，先前他反对召外将进京，就是看到了董卓是一个缺乏政治头脑又有政治野心的人。董卓到洛阳后的所作所为，曹操更是亲眼所见，他料定董卓无非是逞一时之势，终将要落得众叛亲离，归于失败的下场。像董卓这样的人，不仅不能与其同流合污，而且要创造条件打败他。于是，曹操在这年的九月，偷偷地离开洛阳，走上了公开反对董卓的道路。

曹操不受董卓之宠，一是他有远见，料定董卓之辈只能得势一时。二是他有大的抱负，不是轻易地被人看重和使用的问题，而是怎样才能有朝一日使用别人。

中平四年（公元 187 年），曹操采取以退为进的策略，以有病为由，辞去了朝廷任命他为东郡太守的官职，在家闲居。然而以他的声望、人品和才华，是难以让他清静的。一年以后，冀州刺史王芬就派人拿着密信找到了他，原来，冀州刺史王芬联合策士许攸、陈善的儿子陈逸、道教法师襄楷、沛国人周族等，密谋政变，打算趁汉灵帝北巡河间（今河北献县东南）旧宅之机，用武力挟持灵帝，诛除宦官，为陈善等人报仇。然后，废掉灵帝，另立合肥侯为帝。他们决定拉曹操入伙。因为曹操有正义感，有号召力，所以派人给曹操送来了密信。

曹操读罢密信后，心情很不平静。他仔细考虑之后，觉得此事不妥，给王芬等人回信明确表示反对。

曹操从当时主客观条件上来说，王芬等人确实不具备像当年商朝掌权者伊尹放逐太甲、西汉大将军霍光废立昌邑王刘贺的情势，想取得成功是不可能的。

王芬等人是由地方发动的政变，无法一开始便控制朝政，就是一时取得成功，也容易受到中央集权力量的制约。像西汉景帝时的吴、楚七国之乱那样大的规模最后都失败了。王芬等人以一个冀州之地，想搞成这样一件大事，当然是属于轻举妄动的冒险行为。

后来事态的发展，果然如同曹操所料，王芬没有取得成功，落了个举家自杀的结局。

在对待王芬政变这一重大政治事件上，曹操对灵帝没有采取"愚忠"的态度，去告发他们。王芬等人敢于去拉曹操入伙，也是对他的心态有所了解。曹操不是不想改善朝政，如果通过废立皇帝能有利于国家，取得积极效果，这也是他所希望的。但是，没有一定把握的冒险盲动，是他所不取的。

董卓、王芬是两个都想拉拢曹操入伙的人，曹操对他二人采取了不同的对策，可见曹操的足智多谋。而曹操反对王芬等行废立之事，也说明了他具有处大事断大疑当不能徒见往者之易，而未见当今之难的独到之见，以及做大事不能急于求成而要待条件具备，方可行非常之举的心理准备。

袁绍是继董卓、王芬之后又一个想拉拢曹操入伙的人。

初平元年（公元 190 年），袁绍为了有利于发展自己的势力，以献帝年幼，又被董卓所困，关山阻塞，不知是否还活着为由，同冀州牧韩馥一起谋立幽州牧刘虞为帝，并私刻了皇帝的金印，派毕瑜去见刘虞，劝他称帝，并说这是上天的意旨。同时前来征求曹操的意见，企图获得曹操的支持。曹操问明来意，明确表示反对，说："董卓的罪行，国人尽知。我们会合大众，兴举义兵，远近无不响应，这是因为我们的行动是正义的。现在皇帝年纪幼小，被奸臣董卓控制着，还没有像昌邑王那样的破坏汉家制度的过错，如果一旦被废除，天下有谁能够心安呢？诸君北面，我自西面！"

古代皇帝面南而坐，臣僚面北朝见皇帝。刘虞是幽州牧，幽州又刚好在北方，因此这里的"北面"语含双关。"西面"，指向西讨伐董卓，迎回献帝。诸君自去向刘虞称臣，我自去西讨董卓，表现了曹操同袁绍等人分道扬镳的决心。董卓暴行令人发指，国人共愤，讨伐董卓确实是人心所向，应当全力以赴。献帝虽然毫无建树，但他毕竟是国家的象征，又被董卓挟持着，如果一旦废掉，另行易人，必然造成更大的混乱，局面将更加难于收拾。所以曹操的意见，不仅表现了他的胆识，也是从大局着眼的。

东汉时谶纬迷信盛行，一些人利用谶纬大造符瑞，妄测吉凶，甚至以此证明某某得到天命，应当即位登基。袁绍、韩馥也玩弄了这套把戏。当时刚好有四颗星星在属二十八宿的箕宿和尾宿之间汇聚。古代星象家把天象和地面上的一些地方相配合，叫分野，箕、尾的分野刚好是燕地，即幽州。于是韩馥说神人将在燕地产生，实际是说刘虞应当称帝。又说济阴有一个男子叫王定的得到一块玉印，印上刻着"虞为天子"四个字。一次，袁绍得到一块玉印，因当时只有皇帝的印才能用玉制作，袁绍认为奇货可居，就故意拿到曹操面前炫耀，谁知曹操不以为然，大笑着说：

"我不相信你这一套！"

袁绍感到大煞风景。袁绍见曹操不听自己摆布，很不满意，于是私下派人去见曹操，企图说服曹操归附自己。来人见了曹操，说："现在袁公势力正盛，兵力最强，两个儿子也已经长大成人。天下英雄，有谁能够超过袁公呢？"

曹操听了，没有吭声。但从此对袁绍更加心怀不满，并产生了伺机消灭袁绍的想法。

锦囊妙计

1. 对待不同的人，采取的对策是不同的，关键是要看这些人对自己的可用程度。

2. 听人说话，需要穿透表象，洞悉言者心境，方能看穿深意。多数情况下，言外之意，恰是心声的真实镜像。

软本领，有时比刀剑更有用

明白话

在人生舞台上，有些事情，是完全可以用软招打开局面的。

做人办事常有软招与硬招之分，所谓软招，即以软碰硬，用智力制服对手；所谓硬招，即以硬碰硬，靠蛮力制服对手。对于宋太祖赵匡胤来说，"杯酒释兵权"即为其拿手的软招之一，正是借此打开了自己的人生局面。

宋太祖即位后严酷的事实摆在他的面前，如何使新建的宋王朝不重蹈覆辙，不成为继后周之后的第六个短命王朝，如何革除藩镇专横骄恣的习性，如何实现宋王朝的长治久安，这些问题时刻萦绕在宋太祖的心头，使他食不甘味，睡不安枕，不得一笑脸，唯恐大乱和不幸即刻降临在自己的头上。节度使李筠和李重进的相继叛乱，进一步证实了危及宋王朝及皇位安稳的危险因素——藩镇势力必须及时清除。

怎样清除呢？平定李筠、李重进叛乱之后不久，宋太祖召来赵普商议此事。

宋太祖问赵普："天下自唐朝末年以来，数十年间，帝王共换了八姓，战争不息，生民涂炭，这是什么原因呢？我想消灭天下战争的火焰，实现国家的长治久安，应该采取什么办法呢？"

赵普听到太祖提出这个问题，显得十分高兴，他说："陛下考虑到这个问题，真是国家和人民的福气。那些战争和动乱的发生没有其他原因，主要是由于藩镇权势太重，君弱臣强造成的。

今天要想解决这个问题，也没有什么奇巧之谋，只需要削夺他们拥有的权力，控制他们拥有的钱粮，收夺他们拥有的精兵。做到了这几点，天下自然就安定了。"

还没有等赵普把话说完，宋太祖就连忙接过话茬，说："你不必再往下讲了，我完全明白了。"

接着，宋太祖花了相当大的精力来实现赵普所提出的削压其权、制其钱谷、收其精兵的战略策略。其中最为紧迫的是兵权问题。

五代乱世，谁拥有实力最强盛的兵力，谁就可以当皇帝。其中禁军的向背，往往成为政权兴亡的决定性因素。后唐明宗李嗣源、末帝李从珂，后周太祖郭威都是由于得到禁军的拥戴登上皇位的。宋太祖即位前，曾协助郭威夺取政权，后来由于战功卓著，军职步步高升，直至被任命为殿前都点检，掌握了禁军最高指挥权。他利用自己的威信和所处的优越位置，轻而易举地取代了后周政权，当上了宋王朝的开国皇帝。"兴亡以兵"，对于宋太祖而言，算是亲身体验了一番。宋太祖不愧为义气之辈，即位后不久，为了酬谢部下的拥戴之功，特地晋升了一批亲信为禁军的高级将领。石守信为归德节度使、侍卫马步军副都指挥使，高怀德为义成节度使、殿前副都点检，张令铎为镇安节度使、马步军都虞候，王审琦为泰宁节度使、殿前都指挥使，张光翰为宁江节度使、马军都指挥使，赵彦徽为武信节度使、步军都指挥使。

但宋太祖是个明白人。这些手握重兵的高级将领终究是自己皇位的潜在威胁。太祖即位之初的一段时间里，只要听说节度使尤其是边镇节度使有"谋反"的迹象，他都要派人前往侦察，探听虚实，看是否有谋反迹象，以便采取措施。这从一个侧面表明宋太祖对手握兵权的武将很不放心。

事实上，宋太祖在赏赐这些将帅拥戴之功的同时，就已逐步采取措施抑制他们兵权的过分膨胀，重要军职频繁换人，并借机罢黜一些将领的兵权。平定李筠叛乱后，命令韩重代替张光翰为侍卫马军都指挥使，罗颜和代替赵彦徽为侍卫步军都指挥使。

第二年，殿前都点检、镇宁节度使慕容延钊罢为山南东道节度使，侍卫亲军马步军都指挥使韩令坤罢为成德节度使。侍卫亲军马步军都指挥使由石守信兼任，太祖自己担任过的殿前都点检从此不再除授，这个职位等于自行消灭。实施这些军职的人事变动，意在安排自己的心腹和亲信担任最重要的职位，像韩重、石守信是太祖义社十兄弟的成员。不过，对宋太祖来说，军权都掌握在自己的心腹和亲信手里，是不是就算高枕无忧了呢？或许宋太祖是这样盘算的。

赵普作为太祖的股肱大臣，却不这样认为。

赵普思考问题更深入更透彻。宋太祖之所以转瞬之间夺取了政权，靠的正是自己一帮亲信兄弟的拥戴。登上皇帝宝座的宋太祖一方面不能亏待了这帮兄弟，另一方面也不能不时刻提防着他们。怎样安排，才能既使他们心悦诚服地拥护太祖加强集权，又不至于引起怀疑而发生意外和变乱呢？赵普曾一再就这些问题提醒宋太祖，建议采取必要措施解决这些问题，以免重蹈前代"兴亡以兵"的覆辙。

一开始，颇重义气的宋太祖一直认为掌管禁军的功臣宿将如石守信、王审琦等人不会威胁自己的统治。所以赵普多次建议将石守信、王审琦等人调离禁军，改授其他官职，宋太祖始终没有同意。他向赵普解释说："石守信、王审琦这些人一定不会背叛我，你不必多虑了！"

这次，赵普再也沉不住气了，他就此话题开导宋太祖说：

"我的意思并不是害怕他们本人会背叛你。然而，我仔细观察过，这几个人都缺乏统御部下的才能，恐怕不能有力地制服所率军队，万一他们手下的士兵作乱生事，率意拥立，那时候就由不得他们自己了。"

经赵普这样直接的点拨和提醒，宋太祖终于联想起五代以兵权夺取天子的事例，尤其是不久前自己亲身经历的那场陈桥兵变，从而逐渐意识到这个问题的严重性，解除禁军统帅的兵权不能再拖延下去了。

这年七月初的一天，宋太祖如同往常一样，召来石守信、王审琦等高级将领聚会饮酒。酒酣耳热之际，宋太祖打发走侍从人员，无限深情地对功臣宿将们说："我如果没有诸位的竭力拥戴，绝不会有今天。对于你们的功德，我一辈子也不能忘记。"

说到这儿，宋太祖口气一转，感慨万端，说："然而做天子也太艰难了，真不如做个节度使快乐，我长年累月夜里都不能安安稳稳睡觉啊！"

众将领不知宋太祖的意图，就问："陛下遇到什么难事睡不好觉呢？"

宋太祖平静地回答说："其实个中缘由不难知晓，你们想想看，天子这个宝位，谁不想坐一坐呢？"

石守信等人听到昔日的结义兄弟、今日的天子说出这番话来，不禁惶恐万分，冒出一身冷汗，宴会的气氛立即紧张起来，他们赶紧叩头说："陛下怎么说出这样的话呢？如今天命已定，谁还敢再有异心！"

宋太祖接过话头，阴笑着说："不能这样看，诸位虽然没有异心，然而你们的部下如果出现一些贪图富贵的人，一旦把黄袍加盖在你们身上，你们虽然不想做皇帝，办得到吗？"

与会将领这才转过弯来，终于明白了宋太祖的真实意图，于是一边涕泣大哭，一边叩头跪拜，说："我们大家愚笨，没有想到这一层上来，请陛下可怜我们，给我们指出一条生路。"

宋太祖见状，知道时机成熟，趁势说出了自己经过深思熟虑的想法，又阴笑曰："人生短暂，转瞬即逝，就像白驹过隙，那些梦想大富大贵的人，不过是想多积累些金钱，供自己吃喝玩乐，好好享受一番，并使子孙们过上好日子，不至于因缺乏物什而陷入贫穷。

诸位何不放弃兵权，到地方上去当个大官，挑选好的田地和房屋买下来，为子孙后代留下一份永远不可动摇的基业，再多多置弄一些歌儿舞女，天天饮酒欢乐，与之一起愉快地欢度晚年。到那时候，我再同诸位结成儿女亲家，君臣之间互不猜疑，上下相安，这样不是很好吗？"

石守信等人听太祖这样一说，惊慌恐惧之态逐渐消失，感恩戴德之情油然而生，于是再次叩头拜谢说："陛下为我们考虑得如此周全，真可谓生死之情，骨肉之亲啊！"

第二天，石守信等功臣宿将，纷纷上书称身体患病，不适宜领兵作战，请求解除军权。宋太祖十分高兴，立即同意他们的请求，解除了他们统帅禁军的权力，同时赏赐给他们大量金银财宝。命令侍卫马步军都指挥使、归德节度使石守信为天平节度使，殿前副都点检、忠武节度使高怀德为归德节度使，殿前都指挥使、义成节度使王审琦为忠正节度使，侍卫都虞候、镇安节度使张令铎为镇宁节度使。这些功臣宿将都罢黜了军职，只剩下一个徒有虚名的荣誉头衔——节度使。

宋太祖在赵普的谋划下实施的这一成功解除功臣宿将统帅禁军权力的事件，史家称之为"杯酒释兵权"。宋太祖没有沿用历史上一些君主惯用的屠杀功臣的办法来解决问题，是因为他对那些同自己一道出生入死、患难与共的兄弟们的友情尚未泯灭，不好遽然对他们大开杀戒。采取这种和平方式让他们交出兵权，是各位将领在感情上愿意接受的，既有利于安定人心，巩固统治秩序，又有利于进一步强化军权的集中，推进军事改革的深入。否则，这些将领就不会轻而易举交出兵权，那样可能导致流血冲突。

这个问题的另一方面也不可视而不见。宋太祖"杯酒释兵权"的成功运用，是以牺牲国家和人民的经济利益为代价的，实际上是一种经济赎买政策。在这种政策的导向下，从宋太祖时开始，武将掠夺土地、经营牟利、聚敛财宝的风气就已形成，并且逐渐盛行。如石守信"专务聚敛，积财巨万"。这些将领在罢解兵权后，大多郁郁不乐，便把心思用在积累财货、购置土地、蓄养奴仆、寻欢作乐上面。宋太祖对此一般是听之任之。在他看来，只要他们不危及皇权统治就行。这种政策和心态影响到宋王朝几百年的政治。整个宋朝除了少数将领如岳飞等人外，大多数将领都带头兼并土地、行贿受贿、贪财黩货，这显然与宋太祖为了解除武将的兵权而倡导的醉生梦死的人生观是有联系的。

宋太祖说话算数，履行了与功臣宿将结为亲家的诺言。在"杯酒释兵权"之前，太祖寡居在家的妹妹秦国大长公主（燕国长公主）嫁给了忠武节度使高怀德。张令铎罢军职为镇宁节度使，太祖亲自牵线搭桥，让张令铎的三女儿做了皇弟赵光美（廷美）的夫人。开宝三年（公元970年），太祖长女昭庆公主下嫁王承衍。两年之后，太祖第二个女儿延庆公主下嫁石保吉。王承衍、石保吉何许人也，何能做皇帝的女婿，原来他俩分别是曾与太祖结为兄弟并在"黄袍加身"过程中起过重要作用的高级将领王审琦、石守信之子。

与功臣宿将结为亲家，一方面显示彼此亲密无间，另一方面隐藏着同舟共济的美愿。太祖这样做，显然是出于政治因素的考虑，这种政治婚姻有利于新建立的宋政权迅速趋于稳定。同时在"共保富贵，遗其子孙"的思想指导下，太祖大肆赏赐亲家儿女，他们自己也拼命聚敛财富传给后代。久而久之，其不利影响便日益暴露出来。

在石守信等掌握重兵的禁军将领被解除兵权的同时，其所担任的职位没有再补充人选，实际上是撤销了这些职高位重的职衔。如任命慕容延钊为节度使时，就乘机除掉了殿前都点检这个最重要的禁军职位。任命高怀德为节度使时，又撤除了殿前副都点检一职。石守信刚开始出任节度使时，还挂着个空名军职，不久被解除，于是侍卫马步军都指挥使一职也被取消。加上先前石守信升任侍卫亲军马步军都指挥使一职后，副都指挥使没有除授，实际上空缺。这样，禁军殿前司和侍卫亲军司两司的高级将领大多离任，职位也大多空缺。

剩下的几个职位，有的由庸才担任，如殿前都指挥使韩重，就是因为他平庸无谋，容易控制，担任此职长达六年之久。

既然平庸无谋，当然不可能率兵征战。韩重虽然处在殿前都指挥使的职位上，但没有率兵打过仗。这期间，他先后负责过修筑皇城、整治洛阳宫殿、堵塞黄河决口等事宜，就是没有他率兵出征的记录。

有的由资历粗浅者担任，如殿前都虞候张琼是在前任皇弟赵光义兼任开封尹后，由内外马步军都头越级迁升的。他性情暴戾，不久被人诬告不法而被赐死。侍卫亲军司的两位将领刘光义、崔彦进无论是才能还是威望都远在前任高怀德等人之下。

由于侍卫亲军司正、副将领职位都不设置，又没有兼任的统帅，于是侍卫亲军司逐渐分裂为侍卫马军司和侍卫步军司，加上殿前司，合称"三司"，又称"三衙"。殿前司设殿前都指挥使，侍卫马军司设侍卫马军都指挥使，侍卫步军司设侍卫步军都指挥使，即所谓的"三帅"。禁军由三衙的三帅分别统帅，互不隶属。

这样总领禁军的全部权力就集中到皇帝一人手中。三衙鼎立改变了过去由禁军将领一人统帅各军的体制，先把兵权分散，而后再集中于皇帝。这种由分散到集中的军事体制，保证了皇帝对军队的绝对领导权。

三衙统领禁军，只是统管禁军的训练等事项，而没有指挥调动军队的权力了，禁军的调遣和移防等指挥调动权归枢密院管辖。

枢密院设枢密使和枢密副使，拥有调兵权，但不能直接统帅士兵。这样，握兵权和调兵权分开了。遇到战事需要派禁军出征，必须有枢密院签发的虎符为凭。出征士兵的将帅不是管军的三衙将领，而是临时委派的其他官员。

宋太祖采取这样的措施分散禁军的兵权，从体制上断绝了唐末五代那种将领和士兵长期结合而形成的"亲党胶固"的关系，有效防止了武将发动兵变的可能性。无论是将领个人，还是有关部门，都不可能拥兵自重，都不可能凭军权对皇权构成威胁。

锦囊妙计

1. 从成功学角度看，赵匡胤的软招可谓四两拨千斤，不见刀剑，却比刀剑更厉害！

2. 一个人的硬实力决定其能力与起点，而软实力往往决定他的人生高度。精准把握软实力，将使我们受益终身。

第八 虚实

在虚实切换之中，完成逆风翻盘

尽量做到喜怒不形于色

明白话

　　与人交往应当是十分注意喜怒不形于色，大家不难发现轻喜易怒的人在为人处事时，往往偏重于情感好恶，极易造成判断上的失误，而且这种藏不住思想情感的表现，还极容易被别人觉察，被别有用心者所利用，之所以陷入圈套，教训之一也就在于他的城府不深。因此，一个人要在人际交往中做到喜怒不形于色，心胸就须有包容乾坤的雅量，有足够情感喜怒回旋的心理空间，这并非很容易做到的。就像大家所见，中国人的为人处世更讲究含蓄，注意把握自己的情感好恶，认为量小者易怒，浅薄者易喜，因此不同于强调情感外露、喜怒溢于言表的欧洲人。

　　待人不可轻为喜怒，此为待人的分寸感。对于财物不可重为爱憎，则是接物的分寸感，把握好这种分寸感，人就可以不沉湎在物欲财欲中，就能够超脱"鸟为食死，人为财亡"的狭隘自私的人生观，就能保持精神上的清醒与独立，否则，难免就做了财物的奴隶，因财而亡。唐朝文学家柳宗元曾记下这样一个舍命爱财者的故事，故事发生于江水暴涨的湘江，一只船被激流冲翻，船上的人都落入水中，奋力向岸边游去，只剩下一位平日泳技最佳、速度最快的永州汉子却远远地落在众人后面，同伴问其原因，才明白他腰上缠着一千枚大钱；同伴劝他将钱扔掉，以保性命，他拒绝了。不久，其他人都游到了岸边，见他仍旧在中流挣扎，就对他大声呼喊："你真蠢，你被金钱迷得太深了！如今你濒临死地，还要钱干什么？"他还是摇头拒绝了众人的劝告，终于与那一千枚大钱同归水底，被水溺死了，成为看重财物而轻生命的典型。他之所以丢掉了生命，正是精神意志完全为财物所主宰制约的结果，成了金钱的奴隶，他甚至忘记了生命对于每个人言，都仅只有一次的道理。

急性判官是不值我们模仿的，永州汉子的作为是可笑的，与此类似的例子都表明，一个人学会控制自己，不把自己的狂喜、愤怒、挚爱和憎恨完全挂在嘴上、写在面上，胸中有城府，那么，大到对于个人培养起正确的人生观、顺利地走完人生的旅途，小到调剂好日常的人际关系，都会有所帮助。仅从交际的角度言，对新知旧好不轻作喜怒状，会有助于以理性控制情感，正确地看待别人、看待别人对待自己的评价……对财物不过分爱憎，就不会挖空心思地去贪图不属于自己的财物，在分配财物时，也不会仅从自己的利益出发，斤斤计较……试看你我四周的那些拥有良好人际关系的人，又有谁不是这样去做的呢？

所以，"于人不可轻为喜怒"、"于物不可重为爱憎"，实在是人生的名言之一。

东汉建安十三年，曹操亲率80万大军，沿长江列下阵势，想一举拿下东吴，实现他统一天下的凤愿。面对强敌压境，东吴众臣有主战的，也有主降的，弄得吴主孙权也不知该如何办。诸葛亮为了实现他在隆中时对天下形势的分析，形成三国鼎立的局面，巩固孙刘联盟，他自告奋勇地去江东游说孙权，共同抗击曹操。

来到东吴以后，他明白周瑜是东吴举足轻重的人物，只有说服了周瑜，才可以坚定孙刘抗曹的决心。

　　周瑜是他这次出访的重点。此刻的周瑜，虽心存抗曹的念头，可在诸葛亮面前故作深沉，不露痕迹，同时也准备试探诸葛孔明，故而谈及抗曹之事，周瑜总是以言语搪塞。足智多谋的诸葛亮就针对周瑜气量狭小，故意曲解曹植的《铜雀台歌》中的两句话，激起周瑜对曹操的满腔怒火，立下不灭曹操誓不为人的决心。

　　一天晚上，鲁肃引诸葛亮去见周瑜。鲁肃问周瑜："现在曹操驻兵南侵，是战是和，将军欲如何？"周瑜说道："曹操挟天子以令诸侯，难以抗命。而且，兵力强大，不能够轻敌。战则必败，和则易安，我的意见是和为上策。"鲁肃大惊道："将军之言差矣！江东三世基业，怎能一朝白白送给他人？"周瑜说道："江东六郡，千百万生命财产，如遭到战祸之毁，大家都会责备我的，因此，我决心讲和为好。"诸葛亮听完东吴文武两大臣的一段对话，认为周瑜若不是抗曹的决心未定，也是一种有意试探，此时如果不另辟蹊径，只是讲一通吴蜀联合抗曹的意义，或者夸耀周瑜盖世英雄，东吴地形险要，战则必胜的道理，一定难以奏效。于是，他巧用周瑜执意求和的"机缘"，编出一段故事，激怒了周瑜。诸葛亮说道："我有一条妙计，只需差一名特使，驾一叶扁舟，将两个人送过江，曹操得到那两个人，百万大军必然卷旗而撤。"周瑜急问是哪两个人。诸葛亮说道："曹操原本一名好色之徒，打听到江东乔公有两位千金小姐，大乔和小乔，长得美丽动人，曹操曾经发誓说：'我有两个志向，一是要扫平四海，创立帝业，流芳百世；二是要得到江东二乔，以娱晚年。'现在曹操领兵百万，进逼江南，其实就是为乔家的两位千金小姐而来的。将军为什么不找到乔公，花上千两黄金买到那两个女子，差人送给曹操？江东失去这两个人，'就如同大树飘落一两片黄叶，像大海减少一两滴水珠，丝毫无损大局；而曹操得到两个人必然心满意足，欢欢喜喜班师回朝。"周瑜说道："曹操想得大乔和小乔，有何证据说明这一点呢？"诸葛亮答道："有诗为证。曹操的小儿子曹植，非常会写文章，曹操曾在漳河岸上建造了一座铜雀台，雕梁画栋，十分壮丽，并挑选许多美女安置其中，又让曹植作了一篇《铜雀台赋》。文中之意就是说他会做天子，立誓要娶'二乔'。"周瑜问："那篇赋是如何写的，你可记得？"诸葛亮说道："由于我十分喜爱赋中文笔华丽，曾偷偷地背熟了。"马上就朗诵起来："从明后以嬉游兮，登高台以娱情……临漳水之长流兮，望园果之滋荣。立双台于左右兮，有玉龙与金凤。揽'二乔'于东南兮，乐朝夕之与共。"

周瑜听罢，勃然大怒，霍地站立起来指着北方破口大骂道："曹操老贼欺我太甚！"诸葛亮表面上是急忙阻止，实际上是火上浇油，说道："都督忘了，古时候单于屡次侵犯边境，汉天子许配公主和亲，你又何必可惜民间的两个女子呢？"周瑜说道："你有所不知，大乔是孙策将军夫人，小乔就是我的爱妻！"诸葛亮假装失言，请罪道："真没想到是这回事，我真是胡说八道了，该死该死！"周瑜怒道："我与曹操老贼誓不两立！"诸葛亮却假装地劝道："请都督不可意气用事，望三思而后行，世上绝无卖后悔药的。"周瑜说道："我承蒙伯符重我，怎能有屈服曹操之理？我早有北伐之心，就是刀剑架在脖子上，也不会变卦的。希望先生助我一臂之力，同心合力共破曹操。"因此孙、刘结成的抗曹联盟得到巩固，赢得了赤壁之战的重大胜利。

诸葛亮先是了解到周瑜的气量比较小，容易被人激怒，再者他也知道，大丈夫连自己的妻子都无法保全，是人生的一大耻辱，周瑜绝不会忍受这样的耻辱。尽管这一切不过是诸葛亮假借曹植的诗赋牵强附会的一说，但是却达到了激怒周瑜联合抗曹的目的。

唐中宗李显的皇后韦氏，是一个专权放荡并且心狠手辣的女人。她自从登上后位，任何事都学她婆婆武则天。中宗临朝，她垂帘于后，参与政事。中宗经过几翻几跌，对皇帝宝座看得也不那么神圣，许多事情都放手让韦后处理。韦后一旦掌权，就安插亲信，树立私党。韦后在生活作风上也十分放荡，先后与武三思、和尚慧范等私通。散骑常侍秦马客会医术，光禄少卿杨均会烹调，也全部都得到韦后的宠爱。

朝臣郎岌和燕钦融冒死上书，揭露韦后干扰国政，并控告安乐公主、武延秀、宗楚客等追随韦后图危社稷。中宗经过调查认为情况属实，便有废后的打算。但是，韦后和女儿安乐公主串通一气，竟先在中宗的食物放下了毒药。

韦后毒死中宗后，立中宗 16 岁的幼子李重茂为帝，尊称韦后为太后，临朝称制。宗楚客等劝韦后遵照武后办法，革除唐命，谋害李重茂，另立新朝。韦后深忌原本做过皇帝的小叔子相王李旦，便谋划一场先罢掉李旦，再害死李重茂，以清洗政敌的暴动。

相王的儿子临淄王李隆基，目睹韦后的暴虐行径，痛心疾首。面对韦后的强权淫威，他毫不畏惧，悄悄地招募勇士、豪侠及羽林军中志同道合的人，策划着怎样挽救唐王朝的命运。兵部侍郎崔日用明白宗楚客等的阴谋，秘密派人到李隆基处告密，要他早作打算。

李隆基与姑母太平公主等秘密策划，决定起兵靖逆，先发制人，诛杀韦党。李隆基愤怒地说："韦后干涉期政，淫秽宫廷，毒死中宗，临朝称制，如今又预谋屠杀幼帝，清洗异己，实在是天下共愤，罪不容诛。"不少人都认为，韦后弑君乱国，不杀不能平民愤！但现在她大权在握，京城各门都有重兵把守，羽林军又在韦氏的掌握之中，一旦机事不密，计划不周，必然招来杀身之祸！李隆基坚定地说："大唐国运，危在旦夕，我作为一个王子，怎可坐视不问呢？古今成大事者，都有一点冒险精神。铤而走险或许能够成功；胆怯退缩，只能坐以待毙！"人们都为他的正义和果断所感动。

有人说："这么大的事，应该先告诉相王，让他来参谋参谋。"李隆基反对说："我们发动大事，目的是报效国家，事成则福归相王，不成则以身殉国，也不会连累相王。如今告诉他，如果他同意，则有参与险事的嫌疑；不同意则坏了大事。"人们都敬佩他的果断。全部都准备好了，在中宗死后的第18个晚上，李隆基与刘幽求等穿着便衣，来到禁苑中找钟绍京商量。谁知钟绍京临时反悔，拒绝接见李隆基等。这下可把李隆基急坏了，眼看离约定时间还差两个时辰，李隆基心想，这个人不能得罪，万一走漏了风声，大事就完了。他急中生智，连忙派刘幽求带着重金从后门进去，去煽动钟妻许氏。刘幽求说明来意，许氏一口答应说："这件事包在我身上！"刘幽求走后，许氏出来对钟绍京说："舍身救国，天必相助，何况同谋事先已约订好，如今想不干也不可能了。"许氏终于说服了钟绍京。入夜，李隆基率兵潜入禁苑，羽林军早已屯居玄武门。李隆基直捣羽林军总管韦播的卧室，杀了韦播，然后提着人头召集羽林军，慷慨宣称说："韦后毒死先帝，乱政篡权，危害大唐国运。现在奉相王之命，为先帝报仇，捉拿诸韦和一班逆臣，拥立相王以安天下！假如心怀两端，助逆为虐者，罪杀三族。事成以后肯定论功行赏。报效国家、建功立业的时机到了，大家快随我来！"

这席话得到羽林军将士的响应和支持。李隆基率领众豪杰与羽林军总兵钟绍京带领的300丁匠，合兵一处，直趋韦后的寝宫。韦后见乱，立刻向飞骑营逃去。李隆基一见韦后逃跑，顿时怒火中烧，率众追赶。

试想，韦后这三寸金莲，怎样能走得快？李隆基追上，一刀杀了她。

韦后作恶多端，激怒了李隆基，也激怒了那些大唐的忠义之臣，他们怒不可遏，才汇集在一起，诛杀了韦后。一个人的行为不能犯众怒，不然众人怒火填胸，就会起而灭之。

锦囊妙计

1. 为人处世不可把什么表情都急于流露出来，更要学会待人不可轻为喜怒，否则就会遭到麻烦。

2. 君子，当敏于行，而讷于言，喜怒不形于色，好恶不言于表。什么事情都表露在脸上，是极不成熟的表现，很容易得罪人。

学得会几分真、几分假

明白话

在《三十六计》中主张忽明忽暗，不让对手知你心思，而不知何以行动。

"以假乱真"，只有造假造得巧妙，造得逼真，才会使敌人上当受骗，出现错误。此为忽明忽暗的作战兵法。

东汉末年，宫廷发生宦官与外戚大火并，西京太守董卓乘机率领士兵闯进京来，废掉了少帝刘辩，另立九岁的刘协为汉献帝。

自此，董卓就在长安自称太师，汉献帝还要称他"尚父"，其权势之大，不言而知。朝中文武官员谁要是说话不小心，触犯了他，就要掉脑袋。朝臣们由于自己的生命朝不保夕，无不对董卓恨之入骨，不少人恨不得暗暗地杀掉他。

有个大臣叫王允，见董卓如此的骄横跋扈，滥施杀戮，而且还有篡位之野心，日夜忧心如焚。

有一晚，王允策杖入后园，想起国事，不禁仰天叹息，暗垂老泪。忽闻牡丹亭畔有人长叹，其声如莺之戚鸣，便前去看个究竟，原来是府中的一名叫貂蝉的歌妓。她从小选入府中，教以歌舞，年纪刚满十六岁，色艺俱佳，王允以亲女看待。今见她如此对月嗟叹，以为少女怀春，喝道："你是不是有私情？为何深夜长叹？"

貂蝉即跪下答道："贱妾怎敢有私情，不过近来见大人终日愁眉不展，忧心忡忡，不知所为何事，又不敢动问。刚才又见大人仰天长叹，故妾亦因大人嗟叹而嗟叹！"

王允看立在他跟前的貂蝉貌若天仙，忽地灵机一动，计上心来，手中杖子击地脱口而说："汉家天下成败，全在你手中了！"

貂蝉听了不由一愣，说："大人何出此言？"

王允试探地问："有个重任想授与你，不知你肯不肯去完成？"

貂蝉不假思索答道："妾蒙大人提携，以亲女相待，此恩虽粉身碎骨亦难报于万一，若有用妾之处，万死不辞！"

"好，不愧为奇女子！跟我到阁中去。"王允说着就先走进花阁中来。

貂蝉跟王允到了阁中，王允把闲人一概遣出门外，扶貂蝉上坐，叩头便拜。貂蝉大惊，急伏地恳问："大人为何这般？"

王允泪流满面说："你要可怜汉朝江山和老百姓！"

"我不是说过吗？如有用妾之处，万死不辞！"貂蝉重复说一遍，跟着亦掉下泪来。

王允说："今百姓有倒悬之苦，君臣有垒卵之虞，非你则无法拯救。想你亦清楚，贼臣董卓，把持朝政，将欲篡位，朝中文武，无计可施。董贼有一义子吕布，骁勇非常，我看此二人皆是好色之徒，今欲使用美人计，以你为饵，好从中行事，务要使他们翻脸，叫吕布杀了董卓，这样便可以挽救江山，未知你意下如何？"

貂蝉答："妾既许大人万死不辞了，永不后悔，若不达成任务，即大义不报，愿死于万刀之下！"

王允大喜，再深深向貂蝉一拜。

此后，王允便有意识拉拢董卓身边的吕布，常常请吕布到家中饮酒聊天，日子久了，吕布觉得王允待他好，感情就渐渐接近了。有一天，吕布又在王府饮宴，酒至半酣，王允命叫"女儿"出来敬酒。

侍婢扶貂蝉出来，吕布色眼一见，惊为天人，问是谁？王允答是小女貂蝉，如今将军与我相处如一家人，故教与将军相见。貂蝉此时打扮得如天仙一样，分外娇艳，并使出浑身解数，献酒献媚，与吕布眉目传情。弄得吕布心飞神荡，很想一手把她搂进怀中。

此时王允诈醉指着貂蝉说："女儿，将军是当世英雄，你就再与将军把盏，多敬将军几杯吧！"

貂蝉乃坐在王允旁边，与吕布打照面，吕布目不转睛地看，入口的是酒，下肚的是醋，此时恨不得把貂蝉整个吞下。

一会，王允瞪着醉眼，又指着貂蝉对吕布说："将军，你是我最崇拜的英雄，也是最好的朋友。今有一言，冒昧说出，我想将小女送与将军，来个亲上加亲，不知将军肯赏脸否？"

吕布喜出望外，即刻离座作揖多谢，"若得如此，布当效犬马之劳。"随即啪嗒一声跪下道："岳父大人在上，请受愚婿一拜。"

王允答礼，亲自扶起吕布道："待我选个吉日良辰，便送小女到府上。"吕布欢喜无限，偷眼看看未婚妻，貂蝉亦秋波送情，把吕布撩拨得如醉如痴。

席散了，王允对吕布说，本欲留将军住宿，又怕董太师见疑，亦不敢强留了，吕布才拜谢回去。

过了几天，王允在朝堂上见了董卓，趁吕布不在，伏地拜请："允欲请太师明天到舍下饮杯酒，未知意下如何？"董卓见司徒相请，慨然允诺。

次日中午，董卓带了百多名侍卫到了王府，簇拥入堂。王允让侍卫在堂下分立两旁，然后对董卓极尽巴结，把董卓请入后堂。后堂又是另一番风光，侍酒的全是美女，或唱或舞，董卓本是个见"色"眼开的人，两眼盯在美人群中，目不暇接。

忽然珠帘一启，众女簇拥出一位绝色美人来，向董卓深深一拜，嫣然一笑，悄悄送来一个媚眼，逗得董卓如中风一样浑身不能动弹，急问："此女是何人？"王允答："歌妓貂蝉。"说罢便叫貂蝉展玉喉，歌唱一曲，董卓听后连声称妙。

貂蝉唱罢歌儿向董卓敬酒时，董卓细声问："你今年几岁了？"貂蝉答："贱妾年正十六岁。"董卓抚须大笑，"如此美艳，真神仙中人也。"王允乘机说："允欲将此女献与太师，未知肯纳否？"董卓恨不得如此，即答："如此见惠，何以报答？"王允说："说什么报答。太师肯接纳此女，就是给老夫的面子了！"王允立即命人备车，先将貂蝉送到太师府去，董卓哪里还坐得住？吃得下？连忙起身告辞，王允又亲送董卓直到相府才辞回。

王允乘马走到半路，正碰着吕布迎面而来，怒冲冲地一把揪住王允，厉声问："司徒既以貂蝉许配于我，今天又为何送与太师，是否拿我开玩笑？"王允急止住他说："这不是说话的地方，请到寒舍去。"

吕布跟王允到家，进入后堂。王允问："将军何故怪责老夫？"吕布说："有人报告说你把貂蝉送入了相府，究竟是何缘故？"王允答："将军，你错怪老夫了，今日太师到来，他对我说，听说我把貂蝉许给你，要我趁良辰吉日把小女送去与你成亲。太师之命老夫怎敢违之。"

吕布听了，登时谢罪，说一时鲁莽，错怪了丈人，改天再登门请罪，便匆匆回府去了。

次日，吕布正准备小登科了，但打听了一下，全无消息，走进中堂去问诸侍妾，侍妾却说："昨夜太师与新人貂蝉共寝，至今尚未起床呢！"

吕布大怒，潜入后房窥探。见貂蝉正起身在窗下梳头，她见了吕布正在张望，便故意把眉头一锁，装出忧愁样子，且掏出手帕抹眼泪。一会，吕布出去了，顷刻又入，那时董卓已坐在中堂吃早餐了，见了吕布就问："外面没发生什么事吧？"吕布随便答道："没有！"即侍立董卓旁边，偷眼向帘内张望，见貂蝉在帘内若隐若现的，露出半脸，向吕布眉目送情，弄得他魂不守舍。董卓见此情景，心中疑惑，挥手叫吕布出去。

董卓自从宠爱貂蝉之后，为色所迷，月余不出理事，董卓偶得小病，貂蝉衣不解带地服侍左右，董卓更加欢喜。

有一天，吕布入内向董卓问安，董卓正在午睡，貂蝉在床后探出头来望吕布，以手指心，又指指董卓，不停地抹眼泪。

吕布见状，正满怀悲恨难言，适董卓睁开双眼，见床前站着吕布，目不转睛地望着床后的貂蝉，即叱骂曰："畜生！ 你想调戏我爱姬！"唤左右将吕布赶出，今后不准入堂，吕布怒恨而归。

后董卓后悔，急赏赐吕布金帛并好言安慰。此时吕布虽身在董卓左右，心实贴在貂蝉身上了。

当董卓上朝议事，吕布执戟相随。董卓在与汉献帝谈话的时候，吕布乘机出门，上马回相府，寻着貂蝉，貂蝉说此地谈话不便，叫他先到后园的凤仪亭去等待。

吕布等了一会，方见貂蝉翩翩而来，一见面，貂蝉即泣告吕布："我虽非王司徒亲女，但自许配将军，觉已偿平生之愿，谁知太师存心不良，将我奸污了，我恨不早死，只因未见将军一面，故含垢忍辱，今幸见了将军，死亦无憾了，我身已被污，不得再侍奉英雄，愿死在君前，以明我志。"说罢即手攀曲栏，向荷池便跳。吕布慌忙将她抱住，亦泣曰："我知你心很久了，只恨没有机会接近。"貂蝉挣扎，扯住吕布的衣袖说：

"我今生不能嫁你，只愿来世。"吕布答："我今生不能以你为妻，非英雄也。"貂蝉又说："我已度日如年，望你及早把我救出去。"

吕布忽然想起，迟疑一会，对貂蝉说："我是偷空出来的，来久了老贼见疑，还是赶快回去好。"貂蝉忙把他的衣袍牵住说："你如此怕老贼，我永无重见天日机会了。"吕布答："慢慢想办法吧！"说完提戟欲去。

貂蝉自怨自艾说："我在深闺就闻你之名，以为是当今大英雄，谁知反受人制，胆小如鼠。"

说得吕布满脸羞惭，欲行又止，即放下戟，回身把貂蝉抱住，顿用好言相慰。两人于是偎偎倚倚、喁喁细语，难舍难离。

却说董卓和献帝在殿上谈话时，回头却不见了吕布，心下怀疑，即辞别献帝，登车回府，见吕布的马系于府前，问门吏，答温侯入后堂去了。

董卓心知有异，喝退左右，单独径入后堂去，寻人不见，唤貂蝉亦不见，急问侍妾，答曰貂蝉在后园看花。

董卓步入后园，不看犹可，原来见吕布和貂蝉两人肩搭肩地并排坐，浅谈低斟，戟却放在一旁。登时无名火起，大喝一声，吕布一惊，回身便走，董卓抢到戟，挺着追赶，吕布走得快，董卓肥胖赶不上，将戟向吕布一掷，吕布把戟拨落在地。董卓抢戟再赶，吕布却已走出后园了。

董卓一路赶来，忽一人飞奔前来，和董卓一撞，把董卓撞倒，这莽夫原来是谋士李儒。

李儒扶起董卓回书院坐下，董卓问他来做什么？李儒说：

"适至相府，听说太师盛怒入后园，找寻吕布，因急步赶来，正遇吕布奔出，说太师要杀他。故我赶来劝解，不意误撞恩相，死罪死罪。"

董卓气呼呼说："此小子居然敢调戏我的爱姬，誓必杀死他！"

李儒连忙说："恩相差矣，从前楚庄王的绝缨会上，不追究调戏爱姬的蒋雄，后被秦兵围困时，得蒋雄死力相救，才免于难。今貂蝉不外一名歌妓而已，吕布又是太师的心腹猛将，不如乘此机会把貂蝉赐给他，他必知恩报德，死心追随太师了，还请太师三思！"

这番话说得董卓心动，沉思良久，说："你言亦是，待我考虑一下。"

李儒辞出，董卓即入后堂，责问貂蝉为何与吕布私通？貂蝉半泣半诉说："妾在后园看花，吕布突至，妾方惊避，他竟说是太师之子，何必相避呢？随提戟赶妾至凤仪亭。妾见其居心不良，怕为所辱，想投河自尽，却被这厮抱住，正在生死关头，幸得太师赶至，才救了性命。"

董卓才消了气，安慰一番，问貂蝉："我想将你赐给吕布，你看怎样！"

貂蝉大惊，哭着说："妾身已属贵人，奈何要下赐家奴？

妾宁肯死也不从！"顺手拿了墙上的宝剑要自刎。董卓慌忙夺剑，把她抱住说："我和你开个玩笑，何必认真！"貂蝉即倒在董卓怀里，掩面大哭起来，骂道："此必李儒之计，他与吕布相好，故设此计，不顾太师体面和贱妾性命，妾当生啖其肉。"

董卓徐徐说："我怎忍舍弃你。"貂蝉说："虽然太师怜爱，但此处不宜久居，怕早晚为吕布所害。"董卓说："我明天带你回郿坞去，离开这里就不怕被暗算了。"貂蝉才收泪拜谢。

次日，李儒入见董卓，说："今日良辰，可将貂蝉赐予吕布。"

董卓答："吕布是我儿子，怎可以赐给，你传我意，我不追究过去就是了。"

李儒说："请太师留意，不可为女人所惑。"

董卓即变色答："你肯把老婆送与吕布否！貂蝉之事，再勿多言，言则必斩。"李儒于是惶恐出去。

董卓带貂蝉回郿坞之时，百官俱来拜送，貂蝉在车中遥见吕布站在人群中，呆眼望着自己，她便作掩面哭泣状，令吕布如痴如醉，叹息痛恨。

忽然背后一人问："温侯为何不跟太师去？还在遥望叹息？"

吕布回头一看，原来是司徒王允，两人相见后，王允就说："老夫近日身体不适，闭门不出，故久未与将军见面，今太师归郿坞，只得抱病来送行，刚好又得见将军，请问将军为何在此长嗟短叹呢？"

吕布答："还是为了你的女儿貂蝉！"

王允佯惊起来，问："这么久未把小女给将军？"

吕布怒冲冲答："老贼自己宠幸久了。"

115

王允急了，再问："真有此事？那太过了，太过了！"

吕布便将前事一一告诉王允，王允半晌不语，过一会才说："想不到太师竟有此乱伦之行，简直禽兽不如，不如禽兽！"说完拉着吕布的手说："且到寒舍商量商量。"

两人进入王允的密室里，置酒相待，吕布再复述一遍风仪亭之事。王允作出无可奈何样子，徐徐地说："这样看来，太师已淫我之女夺将军之妻，确实太丢脸了，人们耻笑的不是太师，实笑将军与我老夫。但老夫已年迈了，无足为奇，只可惜将军盖世英雄，亦受此污辱……"

话犹未了，吕布即怒气冲天，拍案大叫起来，王允急忙劝止："老夫失言，将军请息怒。"

吕布更加大声，暴跳起来说："誓杀此老贼，雪吾心头之恨。"

王允急掩吕布口说："将军勿言，恐累及老夫。"

吕布说："大丈夫生于天地间，岂能郁郁久居人下？"

王允说："说得也是，以将军之才，诚非董太师所能限制的。"

吕布忽又沉下气来，自言自语说："我杀此老贼，乃易如反掌，无奈我是他的儿子，以子杀父，怕被人议论。"

王允微笑说："将军自姓吕，太师自姓董，掷戟之时，岂有父子之情！"

吕布豁然开怀说："非司徒提起，几乎自误，吾意已决。不杀此老贼誓不为人！"

王允见吕布意志坚决了，乃言及董卓夺权篡国阴谋，晓谕建功立业大势，说得吕布频频点头。再歃血盟誓，同心协力为国除奸。

一天，恰好汉献帝生了一病刚刚痊愈，在未央宫会见大臣。董卓上朝时，为了提防人家暗算，他在朝服里穿上铁甲。

在乘车进宫的大路两旁，派卫兵密密麻麻排成一条夹道。他还叫吕布带着长矛在他身后保卫着。经过这样安排，他认为万无一失了。

他哪儿知道王允和吕布早已商量好了。吕布约了几个心腹勇士扮作卫士混在队伍里，专门在宫门口守着。董卓座车一进宫门就有人拿起戟向董卓的胸口刺去。但是戟扎在董卓胸前铁甲上，刺不进去。

董卓用胳膊一挡，被戟刺伤了手臂。他忍着痛跳下车，叫着说："吕布在哪儿？"

吕布从车后站出来，说："奉皇上诏书，讨伐贼臣董卓！"

董卓见他的干儿子背叛了他，就骂着说："狗奴才，你敢……"

他的话还没说完，吕布已经举起长矛，一下子戳穿了董卓的喉头。兵士们拥上去，把董卓的头砍了下来。

满朝文武大臣见董卓被杀，无不欢呼雀跃；长安的百姓受尽了董卓的残酷压迫，听到除了奸贼，成群结队跑到大街上唱着，跳着。许多人还把自己家里的衣服首饰变卖了，换了酒肉带回家大吃一顿，庆祝一番。

锦囊妙计

1. 对待某些事情，必须忽明忽暗，用包裹术去求成，不可简单了之，否则会吃大亏。

2. 要想把事情做好，就不能过于墨守真实，要留有灵活变通的余地。适当的虚实结合，往往是达成真正成果的关键。

别轻易被人看出你的想法

明白话

　　隐蔽是一种智慧。怎样才能隐蔽自身而又巧妙地达到目的，在某种程度上讲，双方都在试比斗智，你如同棋手一样，每一盘棋总有胜负。

　　（1）隐蔽策动术

　　周赧王五十五年（公元前 260 年），秦军大举北进，进攻赵国。老将廉颇率赵兵迎敌，秦、赵两军相持于长平。秦兵虽然勇武善战，怎奈廉颇行军持重，坚筑营垒，等待时机与变化，迟迟不与秦兵决战。这样一来，两军相持近两年，仍难分胜负。秦国君臣将士个个焦躁万分，却又束手无策。

　　秦昭王问计于范雎，说："廉颇多智，面对秦军强而不轻易出战。秦兵劳师袭远，难以持久，战事如此久拖不决，秦军必将深陷泥淖，无力自拔，为之奈何？"范雎早已清醒地认识到问题的严重性，作为出色的谋略家，他很快找到了问题的症结。他对赵国文臣武将的优劣了如指掌，深知秦军若想速战速决，必须设计除掉廉颇。于是，他沉吟片刻，向昭王献了一条奇妙的反间计。

　　范雎遣一心腹门客，从便道进入赵国都城邯郸，用千金贿赂赵王左右亲近的人，散布流言道："秦军最惧怕的是赵将赵奢之子赵括，年轻有为且精通兵法，如若为将，恐难胜之。廉颇老而怯，屡战屡败，现已不敢出战，又为秦兵所迫，不日即降。"

赵王闻之，将信将疑。派人催战，廉颇仍行"坚壁"之谋，不肯出战。赵王对廉颇先前损兵折将本已不满，今派人催战，却又固守不战，又不能驱敌于国门之外。于是轻信流言，顿时疑心大起，竟不辨真伪，匆忙拜赵括为上将，赐以黄金彩帛，增调20万精兵，前往代替廉颇。

赵括虽为赵国名将赵奢之子，确也精通兵法。但徒读经文书传，不知变通，只会坐而论道，纸上谈兵，而且骄傲自大。一旦代将，立即东向而朝，威临军吏，致使将士无敢仰视。他还把赵王所赐黄金、财物悉数藏于家中，日日寻思购买便利田宅。

赵括来到长平前线，尽改廉颇往日约束，易置将校，调换防位，一时弄得全军上下人心浮动，紊乱不堪。范雎探知赵国已入圈套，便与昭王奏议，暗派武安君白起为上将军，火速驰往长平，并约令军中："有敢泄露武安君为将者斩！"

这白起是战国时期无与伦比的久经沙场的名将，一向能征惯战，智勇双全。论帅才，赵括远不能与白起相比；论兵力，赵军绝难与秦兵抗衡。范雎之所以秘行其事，目的就是使敌松懈其志，以期出奇制胜。两军交战，白起佯败，赵括大喜过望，率兵穷追不舍，结果被秦军左右包抄，断了粮草，团团围困于长平。秦昭王闻报，亲自来到长平附近，尽发农家壮丁，分路掠夺赵人粮草，遏绝救兵。赵军陷于重围达46天，粮尽援绝，士兵自相杀戮以取食，惨不忍睹。赵括迫不得已，把全军分为四队，轮番突围，均被秦军乱箭击退，赵括本人也被乱箭射死。

长平一战，秦军获得了空前的胜利，俘虏赵兵40万，除年老年幼者240人放还外，其余全部坑杀。这次战役，秦军先后消灭赵军45万，大大挫败了雄踞北方的赵国的元气，使其从此一蹶不振。战后，秦军乘胜进围赵都邯郸。虽曾有赵国名士毛遂自荐，赴楚征援，又有魏国信陵君窃符救赵，也只能是争一时之生存，无法挽回赵国败亡的厄运。

长平之战，在秦国历史上具有划时代的意义。秦与关东六国的战争，如果说秦惠文王时还处于战略相持阶段的话，至此则进入了战略的反攻阶段。

范雎利用赵王已对廉颇"坚壁"不出战大为不满而出现的"裂缝"，巧施隐蔽策动术，致使其"缝隙"增大。终于如愿用无能之辈赵括换掉了多智多谋的廉颇，取得了长平之战的胜利。

（2）隐蔽造隙术

在楚汉战争最激烈的时刻，汉王刘邦听从陈平的计策，趁项羽伐齐之乱，率领 50 万大军攻占了项羽的巢穴彭城。

进驻彭城之后，刘邦耽于酒色，一味享乐，又自恃兵多，麻痹轻敌，放松戒备；加上汉军号称 50 万，却多是临时归顺的诸侯军，联盟不牢，军心不齐。项羽听了从彭城逃出来的虞氏兄妹哭诉后，立即命大将龙且和钟离眜带 20 万人马平定各国，自己带范增、项庄、季布、桓楚、虞子期等大将率 3 万精兵回师彭城，杀得汉军猝不及防。联盟解体，汉军死伤 20 余万，刘邦带着少数残兵落荒逃到荥阳城，结果又被乘胜追击的楚军团团地围在城内达一年之久。刘邦请求献荥阳以西以求和，项羽又不允，面对这危机的形势，刘邦情绪低落，沮丧地对陈平说："天下纷纷扰扰，何时可得安宁？"

陈平见刘邦向自己问计，便胸有成竹地说："主公不必忧虑，眼下情势正在发生变化。只要主公扬长避短，天下顷刻可定。"刘邦欲问其详，陈平道："项王主要依靠范增、钟离眜、龙且和周殷几个人。主公如能舍得几万斤黄金，可施反间计，使他们君臣相互猜疑。项羽本来就好猜忌信谗，必然引起内讧而互相残杀。到那时，我军乘机反攻，势必破楚。"刘邦深以为然，便给陈平4万两黄金，任其支配。

陈平于是就开始用这笔钱积极在楚军中施行他的反间计。他一面派使者入楚，致书项羽，一面又用重金收买一些楚军将士，让他们四处散布流言蜚语，说范增、钟离眜等大将为项王带兵打仗，功劳很多，却始终得不到项王分封土地给他们，也得不到侯王的爵号，他们心里有怨气，打算同汉军联合起来，去消灭项氏，瓜分项氏的土地而自立为王。

项羽见过汉王的求和书信，自然不肯答应。但对那些流言，却疑心顿生，于是便派使者进城探听虚实。

楚王使者进入荥阳城，陈平带人列队出迎，并把使者请进客厅，摆下丰盛的酒席。陈平假意作陪，殷勤问道："范亚父派贵使前来有何见教？范老先生和钟离将军一切都好吧？他们有书信吗？"楚使者被问得莫名其妙，不知如何回答，只好说："我乃霸王亲遣的使者，如何有范老先生和钟离将军的信札？"陈平听罢，故意皱起眉头说："噢！原来你不是范老先生和钟离将军派来的……"陈平说罢，白了楚使一眼，刷地放下手中的酒杯，站起身大步走了出去。使者看着这一切，心里十分纳闷，正在发愣，进来一些侍从，七手八脚就把满案饭菜撤掉了。一会儿，进来一个侍女给他换上一碗菜汤，一个馒头。楚使者一见，十分恼火，心想，他们把范增、钟离眜看得如此尊贵，而把项王视同草芥，这其中必有奥秘，说不定范增、钟离眜早就和他们串通一起了！

楚使者受到羞辱，不胜其忿，一返回楚营，便把详情一五一十地向项王禀报了。项王听罢顿时大怒，自语道："怪不得近日营中议论纷纷，说亚父和钟离将军私通汉王，心存异志，看来是无风不起浪呀……"项羽起了疑心，对钟离眜渐不信任，对范增也日益疏远。范增是不主张与汉军谈判的，希望楚军能一鼓作气，攻下荥阳，捉住刘邦。他越劝项羽进攻荥阳，项羽就越是怀疑他与刘邦串通一气在耍什么花招。范增非常气愤，请求退隐山林。项羽也不阻拦，竟然准其所请。

范增解甲归田，在回老家居巢（今安徽桐城南）的路上，又气又恼，背生痈疽，一病而死，终年 75 岁。项羽闻知范增死讯，方知中了反间计，十分懊悔，但为时已晚。一个屡立奇功的唯一谋士，竟被陈平略施隐蔽造隙术便除掉了。

疑心生暗鬼，鬼使神差入歧路。项羽为人，性好疑忌，被陈平利用。陈平巧施隐蔽造隙术，就促使其与范增之间的矛盾增大，最后导致他驱除了范增。

锦囊妙计

1. 在竞争与博弈中，一个新颖、独到的想法往往能决定个人的成败。因此，我们必须时刻保持警惕，防止自己的想法被他人窃取或提前泄露。这是确保竞争优势的关键。

2. 逢人且说三分话，未可全抛一片心。说话处事要因人而异，对生人，只露一两分真，对同事、朋友，最好也不要多过五分，甚至对家人，也不宜将话说得过满，否则伤人伤心，伤心伤身。

第九　持重

不徐不疾，耐住心性然后稳赢

耐住急性子，稳中求进

明白话

急性子总是误人不浅，有很多人深受其害。善成大事者，总能耐着性子，以便等待时机求突破。

不妨看一些具体问题：

吐蕃赞普达磨于公元 842 年逝世。因他无子，宠妃乡林氏立自己 3 岁的内侄为赞普，而没有立赞普达磨的宗族。首相不服，被她杀了。洛川门（今甘肃武山县东）讨击使论恐热早有篡国之心，闻得此事，自封国相，和青海节度使勾结，举兵造反。论恐热很快就杀败官军，占了渭州。

不过，论恐热有块心病，他很担心尚婢婢袭击他的后方。尚婢婢是鄯州（今青海乐都区一带）节度使，文武双全，为人宽厚，治军有方。论恐热决定先灭尚婢婢，以绝心腹之患。

公元 843 年，论恐热率大军攻鄯州，行军途中，遇到了少有的坏天气：行到镇西（今甘肃省东乡族自治县以西）时，狂风大作，电闪雷鸣。突然间，一个霹雷，草原上烈火熊熊，被雷劈死被火烧死十几名裨将、一百头牲口。论恐热以为是上天发怒，不敢前行。

尚婢婢闻得此事，马上命人送去大批物品，去犒赏论恐热的将士。尚婢婢的部将十分生气，都说："论恐热来打我们，我们却去给他送礼，这不太胆怯了吗？"尚婢婢说："我哪里是真给他送礼啊，我只不过是假装臣服，助长他的骄气。论恐热率大军前来，简直把我们看得像蝼蚁一样不堪一击，现在遇上天灾，正犹豫不决，我们此时去送礼，他肯定信以为真，不再防备我们，而我们正好养精蓄锐，等待良机。"部将听了，非常佩服。

尚婢婢的使臣来到论恐热军中，呈上厚礼和尚婢婢的亲笔信。论恐热展开一看，只见上面写道："国相举义师匡国难，只要派人送个信来，谁敢不听，何必亲劳大驾。我仅嗜读书，更兼资质愚钝，如能退回乡里，才是我平生之愿望……"

论恐热很高兴，对部下说："尚婢婢是个书呆子，就知道啃书本，哪会打仗！等我当了赞普，给他个宰相职位，叫他在家待着算了。"于是放心地撤兵走了。

"吐蕃如果没有国主，我们就归大唐，怎能屈从这类犬鼠之人！"尚婢婢见论恐热中计，抚摩着大腿笑着说。

一晃三个月过去了，尚婢婢一切准备就绪。他派大将结心、莽罗薛两员大将统兵五万，突然进攻论恐热的驻地大夏川（今甘肃政和县附近）。

莽罗薛领兵 4 万埋伏于山谷险地，结心领兵 1 万藏在柳林之中。又派一千轻骑登上山头，用箭把信射入城中，羞辱论恐热。论恐热见信，暴跳如雷，破口大骂。他率兵数万怒冲冲出城追杀。大军刚至柳林，即遭结心拦击，猝不及防，论恐热折了许多人马。但一会儿工夫，结心的人马渐呈败象，拨马而逃。

论恐热率兵追出几十里，眼见结心的人马逃入山谷，也就追了进去。

突然，杀声震天，谷内外伏兵四起，结心领兵返身掩杀，论恐热的几万人马被切成数段，恰在此时，谷内又刮起了狂风，走石飞沙，溪水漫溢，论恐热的士兵被杀死、溺死者数不可计，几十里内全是尸体。

几十名将士保卫着论恐热逃出谷口，又遇伏击，论恐热单骑侥幸逃脱，余者全部战死。

尚婢婢在自己力量不足的时候，委曲求全，以暗掩明，等待良机，一蹴而就。

春秋时期，晋国公子重耳逃亡在楚国时，楚王设宴款待他。

酒过三巡，楚王乘酒兴对重耳说："有朝一日，公子返回晋国，将如何报答我？"

重耳想了想，回答道："如果托大王洪福，我真的能够回晋为君，我一定让晋国与楚国友好相处。如果迫不得已，两国不幸交战，我一定下命令让我国军队退避三舍（一舍合 30 里）以报大王恩德。"

四年之后，重耳返回晋国，当了国君，史称晋文公。晋文公励精图治，选贤任能，几年后就使晋国强大起来。接着他又建立起三军，命先轸、狐毛、狐偃等人分任三军元帅，准备征战，以称霸中原。

晋国日益强大，南方的楚国也日益强盛。公元前 633 年，楚国联合陈、蔡等 4 个小国向宋国发起攻击。宋国向晋求援，晋文公亲率三军增援宋国。

楚军统帅成得臣是个骄傲狂暴的人。晋文公深知成得臣的脾气，决心先激怒他，然后消灭他。成得臣急于寻找战机，晋文公就设计暂不与他交锋。当初与楚王宴饮，晋文公许诺如与楚军交战，一定退避三舍，这一次，晋文公信守诺言，连退三舍（90 里），一直退到城濮这个地方才停下来。

其实，晋文公的后撤是早已计划好了的，可以一举三得：一是争取道义上的支持；二是避开强敌的锋芒，激怒成得臣；三是利用城濮的有利地形。

楚将斗勃劝阻成得臣道："晋文公以一国之君的身份退避我们，给了我们好大的面子，不如借此回师，也可以向楚王交代。

不然，战斗还未开始，我们已经输了一场。"

成得臣说："气可鼓而不可泄。晋军撤退，锐气已失，正可乘胜追击！"于是，挥师直追90里。

晋、楚双方在城濮摆下战场，晋国兵力远不如楚国，因此，晋文公也有些担心。狐偃道："今日之战，势在必胜，胜则可以称霸诸侯；不胜，退回国内，有黄河天险阻挡，楚国也奈何不了我们！"

晋文公因此坚定了决战和取胜的信心。

战斗开始后，晋军下令佯作败退，楚军右军挥师追赶。一阵呐喊声中，晋将胥臣率领战车冲出。胥臣所率战车驾车的马上都披着虎皮，楚军见了，惊惶地乱跑乱叫，胥臣乘机掩杀，楚右军一败涂地。

先轸见胥臣获胜，一面命人骑马拉着树枝向北奔跑，一面派人扮成楚军士兵向成得臣报告：右军已经获胜。成得臣远望晋军向北奔跑，又见烟尘滚滚，于是信以为真。

楚左军统帅斗宜申指挥楚军冲入晋军狐偃阵中，狐偃且战且退，把斗宜申引入埋伏圈，将楚军全歼。先轸故伎重演，又派人向成得臣报告：左军大胜，晋军败逃。

成得臣见左、右二军获胜，亲率中军杀入晋军中军之中。这时，先轸与胥臣、狐偃率晋军上军、下军前来助战，成得臣方知自己的左军、右军已经大败。成得臣拼命突围，又被晋将挡住去路，幸得晋文公及时发出命令，饶成得臣一死以报当年楚王厚待之恩，成得臣才得以逃回本国。

锦囊妙计

1. 在自己处于劣势的情况下，委曲求全，静待时机，以暗掩明，是制敌制胜的法宝。

2. 做人办事要冷静，不能因对方制造的假象而中计。这一点非常重要。

关键时刻，要沉得住气

明白话

人的一生中，大多数时候是按部就班地从事着自己的工作，没有什么太大的变故，可是遇到危险、紧急的情况是难以避免的。在这个时候，一个人的行事如何，就反映出了他的作风、品质的高低。面对危难临头，急迫的事件骤然来临，我们应该怎么办呢？此时又要忍什么呢？

中国历史上，多数英雄豪杰都敢于在危急之中，挺身而出，忍住内心的恐惧和无奈，大胆地面对，排除危险和急难。

史书记载，东汉的时候，大司马吴汉率军讨伐建都成都、割据一方的公孙述，进军蜀地。汉光武帝刘秀曾告诫吴汉说："成都的敌人拥兵有十几万之众，不能轻视他们，打下广都，要固守。若是敌人来进攻，不要和他们进行正面决战，如果敌人不出兵，你则要想办法逗他来进行决战，时间长了敌人疲惫了，毫无斗志的时候，我们再大举进攻。"而吴汉打下广都之后，不听刘秀的叮嘱，率众两方余人，乘胜进军，抵达成都，且在相距20里地扎下两座营盘。刘秀闻报，大惊失色，下诏指责吴汉："你为何擅自做主，不听我的劝告？你轻视敌人，孤军深入敌人腹地，且分营扎寨，万一敌人来攻，你首尾无法相顾，情况危急。趁现在敌人尚未合围，赶快撤军回广都！"可是为时已晚，公孙述已派人率10万大军来攻。一天战下来吴汉大败。在这危急关头，吴汉召集部将们说："我们经过千辛万苦，转战几千里，节节胜利，最终攻入敌军腹地成都。现在不幸被围困于此，无法于外界联系，现在只有大家齐心协力，奋勇抵抗，才可以转危为安，不然，只有死路一条了，各位，成败在此一举了。"于是吴汉关门闭户3天坚持不再出战，同时以酒肉款待将士，喂饱战马，以逸待劳。在寨中增设战旗，大放烟火，迷惑敌人，夜里则趁敌不备，率军衔枚而行，悄然与友军会合，协力杀敌。

古人说："围棋制淝水之胜，单骑入回纥之军。此宰相之雅量，非元帅之轻身。盖安危未定，胜负未决，帐中仓皇，则麾下气慑，正所以观将相之事业。浮海遇风，色不变于张融；乱兵掠射，容不动于庾公。盖鲸涛澎湃，舟楫寄家；白刃蜂舞，节制谁从？正所以试天下英雄。事急之弦，制之于权。伤胸扪足，倒印追贼。诳梅止渴，击背误敌。判生死于呼吸，争胜负于顷刻。蝮蛇螫手，断腕宜疾。冠而救火，揖而拯溺，不知权变，可为太息。"

这番话意思是取得淝水之战的胜利时，谢安正与客人下围棋，郭子仪独自骑着马走进回纥的军营。这是宰相恢宏的气度，而非元帅轻视自己的生命。大凡在安危尚不明朗，胜利尚且没有决定之时，若是军营中的主帅惊慌失措，那么他的部下官兵也会气馁，在这个时候，正能看出将相的修养与造就。航海遇到风暴，张融脸上没有表现出受惊吓的神色；混乱的逃兵互相用刀砍杀，用箭射击，庾亮的脸色一点未改变。巨浪汹涌，寄居在船上；快刀乱砍，没有人指挥；此时正是考验天下英雄的时候。急如弓弦的猝至之事，要靠权变之计解决。射伤了胸部抚脚，假兵符追召叛军。曹操以假话使战士望梅止渴，李穆鞭打主帅以诈骗追兵。判断死生于一呼一吸之际，在顷刻之间争夺胜负。蝮蛇咬手，宜迅速砍断手腕。穿戴整齐后才去救火，斯斯文文的样子让他去打捞落水者，哪里还来得及呢？

战场上要沉着镇定，才可取胜，日常生活中又何尝不是这样？

南齐的张融，字思光，吴郡人，年轻时很有名气。他以船为家，有一次航海到胶州去，在中途海上遇上风暴，张融脸上一直没有出现害怕的神色。后来张融给齐做事，当了参军。

晋朝的庾亮，晋孝武帝时是太尉。后来被苏峻打败，带领手下 10 多个人坐小船逃跑，混乱的士兵互相用刀砍杀，用箭射击，不小心射中了开船的人，开船人随着弓声倒下了，全船的人脸色大变，纷纷逃窜。庾亮脸色一点不改变，慢条斯理地说："这种好箭法能够射中敌人。"大家的心才安定下来。前文中惊涛澎湃，舟楫寄家，说的就是张融；白刃蜂舞，节制谁从，是指庾亮。是说人能够在这样危险情况下，神情脸色却未改变，这种人真是英雄豪杰。

面对危急，除了沉着应对，不慌乱从事，更为重要的是善于处理，随机应变。

东魏侯景等人把独孤信围困在金墉。独孤信向北魏丞相宇文泰求援，宇文泰便带领军队前往。侯景等人的部队夜间解围跑了。宇文泰领轻骑追击侯景，追到黄河边上，侯景与宇文泰交战，后者的战马中了流箭，惊而飞奔，宇文泰从马上摔了下来，东魏兵赶上了他。宇文泰手下的人都跑散了，只有都督李穆在身边。李穆下马，用马鞭打着宇文泰的背说：“你这个陇东士兵，主将哪去了？你怎么一个人留在这里？”东魏兵听了，没有把宇文泰当贵人，继续向前追去。李穆把自己的马给了宇文泰，和宇文泰一起逃跑了。北魏将士见宇文泰复还，结果士气大振，又聚集起来，追击东魏兵，大破之。

事情危急的时候，如果以权变灵活的方法处理，便会绝处逢生或得到胜利，不然就会置于死地而且事情会失败。所以陆鲁望说：“如果蝮蛇咬了手，壮士应马上切断手腕。”意思是蛇蝎这些东西在你的手中咬了一口，你应当迅速地砍断手腕，稍迟一些，毒液便会流向肢体危及性命。这便是处理紧急事物的方法。

唐德宗时，有一奸臣叫朱，率众侵犯襄城。德宗征调泾原兵来解救。节度使姚令言带领5000兵士到京城。军士们冒着寒雨，带着子弟来，希望可以得到优厚的赏赐，然而来了以后，一点赏赐都没有得到，吃的仅是粗糙的饭菜，士兵们大怒，穿起铠甲，打起旗帜，大声喧闹。皇帝立刻命令赐帛，每人二匹，结果众人更加愤怒，把皇帝的使臣也射死了，之后进入城中。老百姓们非常害怕，皇帝和诸王公们跑到奉天去了。贼兵拥着朱入宫，住在白华殿，朱自称权知六军，派韩幌带着一千精兵，假称迎接皇帝，其实想袭击奉天。当时司农段秀实对将吏岐灵月说：“现在事情危急了！”于是派灵月伪称有姚令官的兵符，命令韩幌先回去。

段秀实偷姚令官的印而未成，便用了司农印倒印在上面，派人追交韩幌。韩幌得到兵符后撤兵而归，段秀实用假印退了敌兵。

在危急之中，能做到沉着冷静，是可以化险为夷的必要条件。

公元 263 年，司马昭派征西将军邓艾、镇西将军钟会率领大军前去攻打蜀国的时候，又派卫拿着符节带领一千兵马去监督邓艾和钟会的军事行动。

此回战争打得很顺利，蜀国的最后一位君主刘禅只能投降，蜀国也就灭亡了。刘禅投降以后，邓艾便擅自对下属封官授爵，钟会又暗中打自己的主意，想反叛朝廷，独霸一方。

钟会想除掉邓艾和卫，以便实现自己的野心，就暗中向朝廷报告，说邓艾怎样怎样。皇帝下令捉拿邓艾，并指示用囚车把他装回朝廷受罚。

钟会就叫卫去捉拿邓艾，其目的是想借邓艾的手杀死卫，之后再把罪名加到邓艾身上，好收拾邓艾。由于卫带的兵很少，去捉拿邓艾，根本不是对手。

卫知道钟会不怀好意，想借刀杀人，可是，他作为监察官，又不好拒绝。在这种情况下，他便连夜进入成都，进城以后，他马上告诉邓艾手下的将领们，说自己是受皇帝的指令前来捉拿邓艾的，其他人都与此无关，若是谁赶快归顺，他的职务待遇一切照旧，若是谁敢违抗，就杀掉他全家及所有亲族。到了凌晨，这些将领们全都投降了卫，而邓艾还在营帐内睡大觉。天亮以后，卫乘车直接进入大殿的前面，邓艾还未起床，卫便把邓艾及他的儿子一齐提住。

不久，钟会到了，他把右将军胡烈等不肯反叛的将军们请来，并立即抓起来关进成都城，接着就发兵谋反了。可是，由于士兵们都来自中原，他们思念家乡，不肯长期留在蜀地，于是，一听说钟会要谋反，城内城外顿时骚乱起来。

这时，钟会也紧张起来，他留住卫商量对策，并在竹版上写着"想杀掉胡烈等"字样，举起来给卫看，卫不答应，于是，两人的对立更加明朗化了。卫上厕所时，看到胡烈过去的勤务兵，就趁机命令他，把钟会谋反的消息迅速传达给部队。

城内剑拔弩张、杀气腾腾，钟会逼卫表态，两人把刀各横放在膝盖上，一夜未合眼。城外，士兵们不知所从，他们想攻城，可是因卫、胡烈等人在里面，又不好进攻。

正在此时，钟会叫卫去慰劳各路官兵。卫实在想脱身出城，但故意说："你是三军的主帅，应该由你亲自去。"钟会说："您是监察长官，应该先去，随后我再来。"卫便趁机走下殿来。接着，钟会又后悔了，他立刻派人叫住卫。卫急中生智，假装晕眩病发作，一下摔倒在地上。后来，他又喝了些盐汤不停地大呕大吐。平时，他便显得体弱多病的样子，这下子，更显得憔悴了。钟会派遣自己的亲信和医生去看，都说卫病得起不来了，于是，钟会便以为再没有什么可怕的了。

等到夜幕降临的时候，卫把门关上，马上写了一篇攻打钟会的文告通知各路军队。这些官兵本来就想攻打钟会，现在有了卫的命令，天刚发亮，他们就向城内发动猛攻。钟会率领左右的官员拼命抵抗，最终被打得大败。

卫在十分危急的时刻，表现出了勇敢、沉着、镇定、机智的作风，可以坚忍危险，所以才获得了平叛的胜利，保全了自身。

清康熙年间，有一个同时活跃于政界和学术界的人物，叫李光地，他为清廷出谋划策，平定耿精忠叛乱，收复台湾，是一个杰出的谋略家。

李光地早熟早慧，好学深思，聪慧过人。9岁那年，曾不幸落入绿林大盗之手，可是他既能机智应变，又不屈不挠，最终竟说服对手，安全地返回家中。

当时，李氏一门聚族而居，人丁兴旺，家族中在外为官者不少，人们都说：李家"风水"好。周围山里有一个姓李的绿林首领，绰号"李大头"，手下聚有百把人。他看中了李家这块"风水宝地"，一心想侵占。

一天清晨，人们还在睡梦中，李大头率一批喽啰杀气腾腾地占领了李氏祠堂。李氏一族被这突如其来的袭击吓蒙了，一时不知怎么办。族长召集族中的成年人在祠堂外的空地上讨论对策，李光地跟随父亲也来到了这里。

李大头一眼看到了眉清目秀、资质聪颖的李光地，突然想：自己的儿子已经 8 岁了，总不能接自己的班做强盗啊，应该让他去读书。若是能让眼前这个孩子去与自己的儿子做伴读书，该有多好啊。于是，他头脑一转，起了要把李光地收为养子的念头。李大头打开祠堂大门，指着李光地大声喊道："喂，你过来！"

李氏一族人吓得大气都不敢出，李父紧紧搂着儿子。李光地推开父亲的手，镇定自如地走进祠堂。

李大头见他来了，心里一阵高兴，马上派人传出话说："一笔难写两个李字，你们若是同意把这小孩送给我做儿子，我带着他远走高飞，从今后，我们井水不犯河水。若是敬酒不吃吃罚酒，就莫怪我李某人不客气了。"

李父抬起头，目光中带着爱怜与无奈，说："问问孩子吧！"

此情此景被站在祠堂门口的李光地看得一清二楚。结果，他从容地高声对父亲说："父亲，一切听天由命，您就答应了吧！"为了保全家族，李父权衡再三，只能点头答应。

这天，李大头对李光地说："我们已是父子关系了，平常就要以父子相称。"他见李光地未答应，便狠狠地瞪了李光地一眼说："你听到了没有？"

李光地撇撇嘴说："你不是我的父亲，我怎么能喊你为父亲呢？"

李大头勃然大怒："在认养仪式上，已经行过大礼了？"

李光地接口说："那是我遵从父命，并不是出自本意。"

"我看你在耍滑头、嘴硬！"说着，李大头劈头就是重重的一巴掌，直打得李光地嘴鼻流血。李大头又把李光地关了两天，李光地还是不愿屈从。

盛怒之下的李大头，想了个坏主意。他命人把李光地关进一间空屋，把门窗关死，用灯向里熏，声称若是李光地不讨饶，就将他熏死。倔强的李光地始终不屈服，被烟熏了一天一夜。李大头估计李光地必死无疑，命人打开门看看。

谁知房门打开，浓烟散去之后，李光地揉了揉眼睛，却摇摇晃晃地站了起来，这简直是奇迹！李大头惊得一时说不出话来。原来，精明的李光地发现靠门边的地面要低一些，门下也有缝隙，就趴在地上，用嘴巴靠着门边缝隙缓缓地呼吸。烟轻向上跑，地面烟雾浓度低，缝隙外又可以换气，因此，李光地能在满屋浓烟中幸存下来。

李大头心想：吉人自有天相，这小东西神态不凡，必定是有菩萨保佑，不知不觉中态度便软下来了。

李光地说话了："上天保佑，我命不该绝！你懂得螳螂捕蝉，黄雀在后'这句话吗？"

"此话怎讲？"李大头心头一悸。

"法网恢恢，疏而不漏，朝廷的军队一定要对你们撒下天罗地网，我看你是'秋后的蚱蜢，蹦不了几天了'。你想想，自古哪有不败的绿林人？"李光地看了看陷入沉思的李大头，接着说："官军要是抓住你，你全家人都得完蛋，你的儿子也不能幸免。我死了，我还有几个弟弟，我们李家还会代代相传。你的儿子一死，你家的后代就会断了，因而，我劝你要赶快另打主意！"

李光地的一番话，把李大头说得动了心。李大头与妻子一商议，只听妻子说："这小孩命硬，将来必定会大富大贵。我们已是过了半辈子的人了，该为我们的儿子想想后路了。我们过了半辈子提心吊胆的日子，眼看儿子逐渐懂事了，难道还要让他继续过这种日子？我看不如把李光地送回去，把我们的儿子也托付给他家。保全了儿子，就延续了我们李家的香火，一旦我们有个不测，也不必担心什么。"

妻子的话正合了李大头的心意。于是，他派人请来李光地的父亲，将两个小孩都交给他带回。李光地依靠自己的机敏和倔强，奇迹般地保住了自己的性命，逃离虎口，平安地回到了家中。一个 9 岁的孩子，在大祸临头之际，竟能机智勇敢地化险为夷，真是不简单。

锦囊妙计

1. 要忍危急，首先要沉着、镇定、果敢、自信，不为危难所吓倒，泰山崩于前而面不改色，这样才能使他人不因你的紧张而更加恐慌和慌乱。

2. 其次我们应该看到危难已经临头，势态紧急，只有沉着还不够，忍耐住、控制住自己的吃惊和着慌，才能使事情朝着好的方向发展。

越遇惊险，越要控制情绪

🔲 **明白话**

　　世界纷繁复杂，许多事情随时都在发生变化。变乱之忍的基本点有这么几个方面。一是善于根据不同情况作出不同的应变，不拘泥于成规，而是根据实际情况的变化，灵活多变地运用自己的智慧去解决问题。二是要跳出思维方法的固定模式，充分发挥人的主观能动性，全方位地看问题，不怕突发的事变。三是要临变不惊，临乱不慌，处理变乱要有恒心，有决心，有勇气，不能手软心慈。四是应当多注意总结、分析，在变乱发生之前做好相应的准备工作，不至于事到临头，还不知如何应付，这样就会使自己处于被动的局面。五是面对变乱要积极地寻找处理变乱的方法，而不能慌不择路，毫无根据可循。

　　中国历代都发生过无数次的变乱，在这个问题上有成功地处理变乱的例子，当然，也有失败的教训。

　　三国时，中郎将张辽接受曹操的命令，屯兵在长化。临出发时，军中有人谋反。这天晚上，安静的营寨里，突然四处惊呼"着火了，着火了"，部队一下子从梦中惊醒，不知究竟发生了什么事，一下子乱起来。张辽处乱不惊，对左右部将说："传令下去，这不是全军造反，是有少数人制造混乱，想以此扰乱军心，趁乱行事罢了。"张辽则率领亲兵数十人，在军营中端立不动，不久谋反的首犯就被抓住斩首示众，于是叛乱平息了。

对于变乱之忍，古人以为："志不慑者，得于预备；胆易夺者，惊于猝至。勇者能搏猛兽，遇蜂虿而却走；怒者能破和璧，闻釜破而失色；桓温一来，坦之手板颠倒，阙有谢安，从容与之谈笑。郭晞一动，孝德彷徨无措；壮也秀实，单骑人其部伍。中书失印，裴度端坐；三军山呼，张泳下马。"

以上古人举了一些实例来具体阐明他们的观点。其中有西晋大司马桓温来朝见皇帝，孝武帝下诏让尚书谢安和侍中王坦之到新亭迎接桓温。那时，首都流言四起，说桓温这一来，会杀了王坦之和谢安。王坦之十分畏惧，谢安却不动声色。桓温到了后，文武百官拜倒在路旁。桓温摆开军队，接见这些人。王坦之浑身是汗，衣服都粘在身上了，手中的板子也拿颠倒了。谢安却十分从容，坐在位子上，对桓温说："我听说你是把守边疆的，不知你为何跑到首都来，你又为何在屏风后面布置那么多士兵呢？"桓温笑着说："我也是不得已啊！"于是桓温便命令士兵退下去了。他和谢安开怀畅谈，一直到夕阳西下。

宋朝的沈括著有《梦溪笔谈》，对他在科学方面的贡献，大家早已熟知，而他平定乱军的故事，则反映了他在另一方面的才能。沈括在延州当知州时，大将种谔临时驻军在王原这个地方，正值天下大雪，一时军中粮饷供给不上。殿值刘归仁借口回塞内来取粮饷，私自率领士兵向南逃跑。3 万多士兵一下子都溃退到塞内，乱成一团，当地的老百姓见此情景都十分恐惧。这一天沈括正要到城郊去为河东返回京师的统帅饯行，突然看到跑来了几千士兵，截住一问，才得知是回来取粮饷的。沈括问前边当兵的："副都总派你们回来取粮食，主管的人是谁，他在什么地方？"士兵们说："在后头。"沈括看到乱哄哄的士兵，立即下令叫他们各自回到自己屯兵的地点，没有命令不许到处乱跑。不到 10 天，溃散的士兵全都回来了。沈括依旧屯兵不动，刘归仁这时才匆匆赶来。沈括质问他："你是回来取粮饷的，为何却没有那统帅交给你的兵符？分明是擅自南逃，违背军令。"于是斩了刘归仁示众，乱军一下子稳定了下来。

临变有制，通达变化，这是真正勇敢的人才能为之的事情。

在历史上许多变乱中，有些人善于根据实际情况，灵活运用自己的智慧能力去解决问题的事例也不少东晋咸和二年（公元 327 年），属后将军郭默假传皇帝的诏令，袭杀江州刺史刘胤，自己坐上江州刺史的宝座。消息传来，举国上下很震惊和气愤。陶侃得知这件事以后，也义愤填膺，觉得刘胤死得不明不白，里面肯定有文章。

陶侃召来部将说："郭默骁勇暴虐，目无法纪，所到之处，洗劫一空，实在是国家的祸害，人民的罪人。现在假传皇帝的命令，捏造事实，杀死了刘刺史，真是天理难容，我决定兴师问罪，为民除害，伸张正义。"

将士们都提议说："郭默假若不奉皇帝诏令，怎么敢如此放肆、擅杀大臣。要兴师讨伐，也应该等到朝廷下诏同意，才能进军。"

陶侃严正指出："皇帝年纪还轻，和刘刺史没什么怨仇，这件事肯定不是他的主意，诏令肯定是假的。况且，刘胤向来对朝廷忠心耿耿，为朝廷所信任，出任江州刺史，政绩也很好，即使有点小错，也不至于处极刑！"他果断地下令出兵，征讨郭默。陶侃一面迅速派将军宋夏、陈修率兵据住湓口，自率大军继后；祖逖收复中原地区时，地方武装大多投降了晋。郭默降晋后，被封为属后将军。后来，他看到东晋王室内讧，从而又野性复发，飞扬跋扈。当他得知陶侃的讨逆大军已经逼近湓口，急急忙忙派使者送给陶侃许多美女和丝罗绸缎，又写了一封信给陶侃，谎说他是奉命行事，叫陶侃不要插手，否则，一切后果由陶侃自行承担。陶侃撕了信，抛弃了礼品，驱逐了使者，迅速督军自浔口沿江向武昌挺进，一日千里地直抵敌巢！

且说王导接到陶侃的来信一看，其中有句话说："郭默今天杀了州官，便让他做州官，日后杀了宰相，难道就叫他做宰相不成？"王导看了悚然一惊，决定支持陶侃。王导回信支持陶侃出兵讨伐。

不久，陶侃就收到了皇帝的诏令，信心倍增。讨逆大军所到之处，势如破竹，武昌的形势岌岌可危。陶侃顾及郭默也是中原名将，智勇双全，如果与他最后决战，自己的力量肯定受到重大损失，最好能选择一个既能破敌又能保存实力的办法。

陶侃考虑到郭默的部将宗侯同郭默有杀父之仇，而自己同他是莫逆之交，何不利用宗侯这个内线，激起他的仇恨和怒火，让他寻机杀掉逆贼，或者做个内应，里外夹击郭默呢？从而他便写了一封义正词严、文情并茂的信，派使者送给宗侯，接着调兵遣将，积极准备进攻武昌。

宗侯接到陶侃的信，读道："……逆贼郭默本来胡将，不守王法，滥杀无辜，致使国家遭祸，人民受难。令尊大人以前被他所杀，刘绣将军也跟着遇害，我怕从此以后，朝廷没有安定的日子。如今，我奉命讨逆，为含冤死去的忠臣义士，伸张正义；为天下的穷苦百姓，撑腰说话。假如将军能以国家和人民的利益为重，助我一臂之力，或送首级，或做内应，为国家除害，为百姓申冤，则是国家和人民的莫大幸福……"

宗侯读了书信后，心潮起伏，旧恨新仇，一齐涌上心头。经过一番思考，他决定为讨逆做内应。双方里应外合，陶侃最后打败了郭默。

在变乱之中，有些人临乱不慌，从而化险为夷，可以看这样一个例子：

北宋宣和年间，国都汴京一派繁华。每逢正月十五元宵佳节，总是笙歌大作，鹤舞龙翔，夜间则全城张灯结彩，五光十色，成了灯和火的海洋。男女老少倾城而出，富贵人家更是香车宝马，来到市中心。妇女们身披五彩，头戴翠冠，欢天喜地，去看灯会。

宋徽宗赵佶是一位多才多艺的风流皇帝。有一年元宵，他在文武百官簇拥下来到市中心端门。"万寿无疆"的欢呼声如雷贯耳，灯会达到高潮。皇帝一时兴致上来，宣旨要给观灯的人们赐酒。人们潮涌一般地涌了过来，挤在最前面的人幸运喝到了御酒。

有个女子因为喝到了皇上赐的御酒，欣喜若狂，心想这是千载难逢的机遇，应当留下点什么才好，既有御赐金杯在手，为什么还要放过它呢？这金杯将来不仅价值连城，还能作为留传万代的珍贵之物……想着想着，手一闪就将这金杯揣入怀中。既揣了金杯，就不可在这里久留，她心里十分紧张，表面故作镇静，左顾右盼，想伺机挤出重围，但人山人海，一时挤不出来。正在这关键时刻，一个精明的侍卫突然发现少了个金杯，见这位女子正往外挤，便拨开众人，一把抓了她的衣袖。又一个高大的卫士上来，两人一起呵斥着，把这女子挟持到宋徽宗面前。

可怜这位天真的女子，此时跪倒在地，心思茫然，不知怎样是好。既已落网，别无他法，能否再生一计？她在心中暗暗紧张盘算。

幸好这女子聪明伶俐，且平时跟着父兄学得作诗填词，颇有文采。转眼时间，眉头一皱，计上心来，马上编了一则故事，抬起头来，面对皇上，从容不迫地诵了一首小令《鹧鸪天》词：

> 月满蓬壶灿烂灯，与郎携手至端门。
>
> 贪看鹤降笙歌举，不觉鸳鸯失却群。
>
> 天渐晓，感皇恩，传宣赐酒饮杯巡。

归家恐被翁姑责，窃取金杯作照凭。

这真可谓情急生智，故事编得十分切时，切地，切人，表达得如此有文采和韵味，一下子就征服了高高在上的皇帝。徽宗原本就喜文墨，这一来听了此女的诗，心中更是高兴，便信以为真，拈须大笑，表示十分理解此女的处境。并称赞她才思敏捷，写得一手好辞章不说，临变不惧，巧言相辩，当即宣旨：赐给这位才女一个御金杯，并派 4 名卫士送她回家。

锦囊妙计

1. 做人办事时要记住：越遇危险，越要忍耐！

2. 于险境壮胆魄，于急流稳心态，于难关磨心性，方能临事不乱，遇挫弥坚，在纷繁世事中游刃有余，从容以对。

第十 寻机

事无常态临机变通，因势利导者胜

成大事者，杀伐果断

明白话

抓住机遇是成功的资本。成大事者总是在机遇面前反应过人，因为他们绝不愿意浪费任何一次机遇。作为一名心中有霸业者，果敢决断，在一定程度上，就是争得了机遇，争得了一切。

朱元璋在应天建立战略根据地后，提出基本国策为：

"高筑墙，广积粮，缓称王。"此一决策对明朝初年的巩固与发展起了重大作用。

"高筑墙，广积粮，缓称王。"这一重大战略决策，是老儒朱升为朱元璋谋划的。朱升提出的战略，集政治、军事于一体，用非常精辟的语言，准确、全面、深刻地指明了朱元璋在相当长一段时期内的战略方向。朱元璋闻言大喜，全盘采纳了这个战略。

（1）高筑墙：首先是指要有一个强大和巩固的战略根据地。

战争是人力、物力的较量，人力、物力的来源离不开牢固的后方补给。因此，能否建立一个强大巩固的战略根据地，就关系到朱元璋的部队能否在元军和群雄割据势力的包围中站稳脚跟，求得发展，至少是立于不败之地的根本所在。朱元璋选择应天及周围地区作为战略根据地来

"高筑墙"是比较得当的。一是应天与淮右连成一气，唇齿相依，朱元璋及其主要将领和谋士多是淮右人，下级军官与士卒也大多来自这一地区。立应天，淮右为本，大部分将帅、士卒为保卫家乡而战，无疑可以激发参战的热情，对稳定军心十分有利。二是应天临江依山，周围多丘陵，地形十分险要，是东南地区的军事重镇，历来为兵家必争之地。据应天，可瞰制江淮和浙北。三是应天及其周围地区经济发达，物产丰富，支持战争的潜力巨大。朱元璋对建设战略根据地给予了极大的关注，在采纳朱升的战略以后一年多的时间里，他在自己的势力范围边缘地带所采取的军事行动，都是从稳定、巩固应天的需要出发的。尔后，对应天本身的城防也进行了大力加固。后来，朱元璋就是在应天以固若金汤的城防，抵挡住了比自己强大得多的陈友谅的10万舟师。在统一战争的全过程中，以应天为中心的根据地一直没有受到严重的外来威胁，又为战争提供了极大的支持。这都说明朱元璋在建设强大的、巩固的根据地方面是非常成功的。

高筑墙，也是指必须建立一支强大的武装力量。这支武装力量不是仅仅用来防卫的，而主要的是用来主动进攻的。其一，建设一个稳定、巩固的战略根据地，其本身就包括了必须有一支强大的武装力量。否则，在群雄割据势力的包围之下，任何根据地也是不可能存在的。因此，战略根据地的稳定和巩固，首要的、关键的条件就是必须有一支强大的武装力量，才能保障政治、经济和其他建设顺利地进行。其二，朱元璋及其将领谋士们并不是鼠目寸光，安于现状，满足既得利益而无远大抱负的领导集团。朱升的战略之所以很快被朱元璋采纳，是因为朱元璋早就有欲图大计、平定天下的远大抱负。那么，建立一支强大的武装力量的根本目的，就不仅仅是为了满足保卫根据地，更主要的还是为了满足战略进攻的需要。

（2）广积粮：朱元璋占据的江淮地区盛产粮食，按理说粮食不应该成为一个问题，为什么还要广积粮呢？元末的江淮自然灾害十分严重，而且次数较多，持续的年头又长，使这个粮仓变成了缺米之仓。许多劳动群众连自己都吃不上饭，哪里还能拿出粮食来支持起义军呢？面对这种状况，朱元璋制订了"且耕且战"制度。他任命元军降将康茂才为都水营田使，由其负责兴修水利，要求做到高地不怕旱，洼地不怕涝。接着下令各部队都要在驻地开垦荒地，种植粮食，并且立下章程，规定以产量的多少来决定赏罚。要求各部队的生产除了供给自身的需要外，还要做到有存粮。经过几年的努力，终于使朱元璋彻底改变了缺乏粮草的局面。他的部队丰衣足食，对战斗力的提高起到了关键性的作用。"且耕且战"

实际上就是屯田制度，并非朱元璋独创，而是由来已久。但是这一制度被朱元璋运用得如此彻底，如此全面，如此持久，解决了如此庞大的军队的粮食所需，支持了如此持久的统一战争，可以说在朱元璋以前的历史上是绝无仅有的。

（3）缓称王：其根本目的就是为了最大限度地减少己方独立反元的政治色彩，最大限度地降低元王朝对己方的关注程度，避免或大大减少过早与元军主力以及强劲诸侯军队决战的可能性，从而有利于保存自己，积蓄实力，求得稳步发展。为此，朱元璋在形式上一直对小明王保持臣属关系，使用的是宋政权的龙凤年号，打的是红巾军的红色战旗，连斗争口号也不改变。朱元璋担任的职务，从江南行省平章到后来的吴国公，都是小明王敕封的。直到消灭陈友谅，北方红巾军也失败以后，他才称吴王，但发布文告，第一句话还写"皇帝圣旨，吴王令旨"，表示自己仍是小明王的臣属，免得引人注目，遭受打击。元王朝苦于力量不足，只能对目标大、影响广的自立政权首先实施重点打击，光这类政权就有三四个，根本顾不上对付朱元璋这类附属于某一政权的势力。朱元璋正是抓住了这种有利的客观形势，加强扩展地盘，壮大力量，成为统一战争的主宰者。缓称王不是不称王，关键在于选择有利时机。元至正二十四年（公元 1364 年）的军事形势对朱元璋集团十分有利：北面的宋政权已经名存实亡，即使反目，也已不足为虑。元军主力在与宋军的决战中大伤元气，又陷入内战之中，无力南进。反元阵营中势力最为强大的大汉政权已经被朱元璋消灭。东面的张士诚已属惊弓之鸟，处于明显的劣势。四川的明玉珍安于现状，没有远图，构不成大的威胁。依据这种客观形势，朱元璋凭借广阔的版图、强大的军队，公开表明自己的政治意图而自立为王是非常适宜的。

"高筑墙，广积粮，缓称王"，是一个非常英明正确的宏观决策，它引导朱元璋集团从胜利走向胜利。至正二十八年（公元 1368 年）正月，就在徐达统领北伐大军攻克山东的凯歌声中，朱元璋在应天登上帝位，国号大明，建元洪武。

锦囊妙计

1. 善于根据现状判断，抓住机遇，果敢决策，是万事成败的关键。这一点至关重要！

2. 成大事者，往往非温文尔雅之辈。即便温文尔雅，也不过是表象的装饰，精心雕琢的外壳罢了。其真正的内核，乃是决断如刀，刚猛无畏，杀伐果敢。

要与时间抢机会

明白话

在与时间赛跑时，有人会半途而废，有人则坚持到底。时机最喜欢的人是马不停蹄乘虚而入者。

下面这则故事讲的就是与时机赛跑而取胜，可以让大家有所借鉴：

五代时期，后唐军在中都（今山东汶上县）大败后梁军，抓获后梁军统帅王彦章，后梁的主力部队只剩下大将段凝所统率的一支生力军。后唐国君李存勖对众将说："段凝现统率大军驻扎在河上，严阵以待我军，诸位有何妙计？"

天平节度使李嗣源道："中都离大梁（梁都城，今河南开封）

不远，我们何不避开段凝，直取大梁？兵法云：兵贵神速。只要攻下大梁，擒住梁主朱友贞，不怕段凝不投降！"

李存勖道："言之有理！"立刻命令李嗣源率先头部队连夜出发，马不停蹄，人不卸甲，直扑大梁。

李嗣源行至曹州（山东曹县西北），曹州后梁守军以为后唐军自天而降，大开城门，不战而降。这时，部队已十分疲劳，将领们也纷纷要求稍作休息。李嗣源对众将士说："此去大梁仅有 200 余里，诸位再咬紧牙坚持一下，等拿下大梁再作休息。"命令部队继续前进。

曹州被后唐占领的消息迅速传到大梁，朱友贞急得团团直转，文武大臣又惊又恐，谁也拿不出好主意来。朱友贞黔驴技穷，只好派将军张汉伦火速出发追赶段凝，让段凝回师急救。不料，张汉伦行至滑州（河南滑县东），被黄河挡住，一时间不能到达段凝的驻地。朱友贞久等不见消息，又派了一名亲信去寻段凝回师救驾，这名亲信离城之后，眼见大梁不保，索性一走了之。

这样，朱友贞等候援军的梦想彻底破灭了。

李嗣源率后唐军迅速逼近大梁。朱友贞听说后唐军已到，绝望之中，命令将军皇甫麟把他杀死。皇甫麟挥刀砍杀朱友贞，随后也自杀身亡，大梁城竟不攻自破。

段凝接到张汉伦的告急书后，慌忙回师大梁。未及大梁，兵士来报：都城已被后唐军占领，朱友贞已经自杀身死。段凝有家难归，有国已破，只好投降了后唐。后梁自此灭亡。

李嗣源在时机面前马不停蹄，终于获胜。

有了机会，就要积极行动，必须乘虚而入，才可成功。

明朝末年，老百姓生活在水深火热之中，纷纷揭竿而起。

公元 1640 年 7 月，张献忠率领农民起义军攻入四川，明朝主力大军全部入四川围剿，河南一带的防务变得十分脆弱。农民起义军领袖李自成趁此机会迅速壮大了自己的力量，并且连续取得攻克宜阳、偃师、新安等城池的胜利。

宜阳、偃师和新安属豫西重镇洛阳的外围。明朝福王朱常洵就住在洛阳。朱常洵的母亲是神宗朱翊钧的爱姬，朱翊钧爱屋及乌，对朱常洵也格外宠爱，把大量金银财物赏赐给朱常洵。朱常洵金银无数，却异常吝啬，不但洛阳城的百姓怨恨他，就是他府中的兵丁也时有不满。官府的军队大多抽调入四川去平定张献忠，洛阳城中已无多少将士，因此，洛阳城在这个特殊的时刻，变成了一座"兵弱而城富"的重镇。

李自成当然不会轻易放过攻取洛阳城的大好机会。公元 1641 年正月，李自成率起义军兵临洛阳城下，拉开了攻城的序幕。

生死关头，福王朱常洵竟只顾自己，调集亲兵保护府库，对于城头上的战事不闻不问。守城将领一再要求朱常洵发放银两，犒赏守城士卒，朱常洵狠狠心才拨出了三千两白银，可是，区区三千两白银还被总兵王绍禹等人吞没了。朱常洵忍痛又拨出一千两，士兵们因分配不均而争斗不止，最后竟发展成兵变。士兵们将兵备道王允昌捆绑起来，将城楼烧毁，又大开北门，迎接起义军入城。总兵王绍禹见大势已去，仓皇跳城逃命，福王也企图缒城逃跑，但没跑多远，就被起义军抓获。起义军打开福王粮仓赈济城内老百姓，举城一片欢腾李自成只用极小的代价就轻易地夺取了洛阳城。

李自成抓住机会，积极行动，轻而易举地拿下了洛阳，为推翻明朝做了很好的准备。

在机会面前，不能犯犹疑病，要能在最短的时间内做出反应；假使没有机会，也要创造机会，从而为成大事开个好头。

（1）破釜沉舟楚军大败章邯果敢出手才可战胜对手，有时犹豫片刻，就会满盘皆输。

秦朝末年，秦二世胡亥派大将章邯统率大军击败了陈胜、吴广的起义军，然后又北渡黄河，进攻赵国，将赵王歇包围在巨鹿（今河北平乡西南）。赵王歇慌忙向楚国求救，楚怀王派宋义为上将军、项羽为次将、范增为末将，统率大军援救赵国。

宋义知道章邯是员骁勇善战的老将，不敢与章邯交战。援军到达安阳（今河南安阳西南）后，宋义按兵不动，一住就是 46 天。项羽对宋义说："救兵如救火，我们再不出兵，赵国就要被章邯灭掉了！"宋义根本不把项羽放在眼里，对项羽说："冲锋陷阵，我不如你；运筹帷幄，你就不如我了。"并且传下命令："如有人轻举妄动，不服从命令，一律斩首！"项羽忍无可忍，拔剑斩杀宋义，自己代理上将军，并命令黥布和蒲将军率两万人马渡过漳河援救赵国。

黥布和蒲将军成功地截断了秦军粮道，却无力解赵王歇巨鹿之围，赵王歇再次派人向项羽求救。项羽亲率全军渡过漳河，到达北岸后，项羽突然下令：将渡船全部凿沉，将饭锅全部打碎，将营房全部烧掉，每个人只带三天的干粮。将士们惧怕项羽的威严，谁也不敢多问。项羽对将士们说："我们此次进军，只能前进，不能后退，后退就是死路一条！"将士们眼见一点退路也没有，人人抱着死战到底的决心与秦军拼杀。结果，项羽率楚军以一当十，九战九捷，章邯的部将苏甬被杀、王离被俘、涉间自焚而亡，章邯狼狈逃走，钜鹿之围遂解。

巨鹿之战打出了楚军的威风。从此以后，项羽一步步登上了权利的最高峰，成了名扬天下的"西楚霸王"。

项羽以超人的勇气，破釜沉舟，挫败了章邯所率秦军。

（2）创造机会谢安淝水退敌机会不是随时存在的，但机会也是可以创造的。当然创造者属于果敢行事的人。

公元370年，北方的前秦灭掉了前燕，此后又灭掉前凉，攻占了东晋的襄阳等地。

前秦符坚认为一统天下的时机已经到来，调征各地人马90万，水陆并进，浩浩荡荡地向偏安南方的东晋杀来。

东晋孝武帝司马曜慌忙任命丞相谢安为征讨大都督，率兵迎击前秦军队。谢安胸有城府，临危不惧，他委任谢玄为前锋都督，选派谢石代理征讨大都督，指挥全军作战。

符坚依靠占绝对优势的兵力一举攻克寿阳，随后派降将朱序到晋营劝降。朱序是在 4 年前与前秦作战兵败后投降的，当时实为迫不得已，如今回到晋营，不但不劝降，反而将前秦的兵力部署完完全全地告诉了晋军。谢石根据朱序提供的情报，派猛将刘牢之率精兵五千强渡洛水，偷袭洛涧的前秦军队，歼敌一万五千人，晋军士气大振。谢石、谢玄指挥晋军推进到淝水东岸，与前秦军对峙。

符坚人马众多，后勤补给有困难，一心想速战速决；东晋军担心前秦的后续部队与前军会合，压力会增大，也想乘胜击败前秦军。于是，双方约定：秦军稍稍后退，让出一块地方，让晋军渡过淝水，展开决战。

符坚的如意算盘是：待晋军上岸立足未稳之机，以骑兵冲杀，把晋军全歼。

决战开始前，符坚命令淝水前沿的前秦军队稍稍后撤，让晋军过河。开始的时候，前秦军还有秩序地后退，但片刻之后，跑的跑、奔的奔，人人唯恐落后，阵势立刻大乱。

早已潜伏在后军中的朱序乘机指挥自己的部队齐声呐喊：

"秦军败了！秦军败了！"前秦军不知虚实，以为真的败了，假后退顿时变成了真溃败，成千上万的士兵，潮水般地向后涌去。符坚的弟弟车骑大将军符融连杀数名后退的士兵，企图阻止秦军后退，不但没有遏止住秦军的后退，反而连人带马被后退的人马撞倒，死于乱军之中。

谢石、谢玄看在眼里，哪肯错失这一千载难逢的好时机，立刻指挥 8 万骑兵率先杀入秦军，后面的晋军一拥而上，奋勇追杀。前秦军兵败如山倒，一发而不可收拾。

符坚仓皇北逃，一路上，风声鹤唳，90 万大军灰飞烟灭，前秦从此一蹶不振，没过多久就灭亡了。谢安成功地创造了机会，从而大败敌军。

锦囊妙计

1. 机不可失，失不再来，做人做事，犹疑不决是大忌。

2. 博弈与竞争中，多数事情都是事权从急的，要求我们必须迅速反应，与时间竞争，才能够掌控节奏，赢得主动权。

机会不光要看准，更要拿稳

明白话

相机而行，即看准了机会去行事。人在餍饱之时，无论看到怎样的美味佳肴都会感到腻味，而饥饿的时候，无论怎样粗劣的食物也会甘之如饴。对于统御者来说，从中可以悟出怎样谋取驾驭他人的良机。墨子曾经说过："蛤蟆蛙黾，日夜而鸣，舌干僻，然而人不听之。今鹤鸡时夜而鸣，天下振动。多言何益？唯其言之时也。"（《墨子间诂》）蛤蟆之类，叫个不停，而人不听之，因其不会相机。鹤鸡之类，一鸣而天下振动，因其能相时而动。话不在多，在于说在当口上；钢不在多，在于用在刀刃上；谋事要想取得最理想的效果，一定要善于选择时机。

治天下之乱要抓住时机，果断行事，表现在改革国家政策体制更应如此。

因时而变，说的是国家的政策、法令、体制要随着时代的变化而变化。没有一定的政策、法令、制度，国家就会混乱；有了一定的政策、法令、制度，而不知随时代的改变而改变，就会行不通，就会阻碍社会的发展，同样治理不好国家。制定政策、法令、制度，必须从当时的社会实际、时代需要出发，不能把"先王之法"奉为金科玉律，拘泥古制，墨守成规。

《三国演义》中说，刘备三顾茅庐，而对诸葛亮来说，有人认为，他是在隆中等待时机，已经为刘备制定了联合孙权抵抗曹操。占领荆、益二州做基地，等"天下有变"时进军洛阳匡复汉室的战略计划，不过到了具体实施时，一定要从头做起，而且要从实际出发。这样，当他接受刘备的邀请，出山辅政时，不能不对刘备所能够提供的条件做一番研究。

刘备在汝南战败投奔刘表时，"败军不满一千"，在新野积蓄力量，得徐庶支持打败曹仁攻占樊城时，大约有三千人。诸葛亮建议"速募民兵"，不过再增加三千人。这六千人相较曹操的百万大军虽然微不足道，却是诸葛亮帮助刘备经营事业的本钱。为了用好这点本钱，诸葛亮不能不认真了解政治形势，寻找时机。这就是诸葛亮出山后第一句话是"曹操于冀州作玄武池以练水军，必有侵江南之意。可密令过江探听虚实"的原因。

刘备虽然没有多少本钱，却有许多人所不及的无形资产。首先刘备是汉室贵胄，被皇帝认作皇叔，有奉衣带诏书讨伐奸臣曹操的合法身份，这样便有名正言顺做事的理由。其次刘备有宽厚待人的名声，对于在动乱时期追求政治前途与稳定生活的天下大众有强大的号召力。最后，刘备用结义的办法，搜罗到了关羽、张飞、赵云这样的人才做帮手，这就是用之不竭的人力资源。在诸葛亮看来，只要用好这一组人力资源，《隆中对》计划就可以实现。

关羽是刘备桃园结义的兄弟，他有极高的武艺，有温酒斩华雄、斩颜良、诛文丑等战绩，有挂印封金、过五关、斩六将辞曹归汉的名声，在任何情况下都有独当一面的能力。不过他又过于骄傲，对诸葛亮这样的少年书生更是不大看得起；诸葛亮不得不一方面做出点实际成绩让关羽承认，一方面尽量说些恭维话助长关羽为刘备出力的雄心，同时注意让关羽在华容道拦截曹操这样的难题前丢点小丑，以提醒他不敢过于自负。

张飞的地位虽然次于关羽，但本领却与关羽相差不多。他那快人快语的性格还暴露出怀疑诸葛亮能力的心态。诸葛亮认为这是需要发掘的人力资源，先在博望坡用兵使他折服，再屡次激励他动脑筋解决难题，因为被人认为头脑简单的张飞一旦用计，就会使对手防不胜防。

赵云没有参加桃园结义，为了争取政治前途，只能是忠诚地为刘备效力。诸葛亮看准了赵云这一忠厚背景，总是把最关键的任务交给赵云来完成，而且一有机会，就要当众肯定赵云的功劳和贡献，使得赵云在诸葛亮经营蜀汉事业过程中起了重要作用。

诸葛亮以调动、发挥刘备政治集团各成员人力资源为基础，抓住曹操占领荆州后想迅速夺取江东的急躁心理，说服孙权与刘备共同抗击曹操，并且利用曹操赤壁兵败的瞬间，夺取荆州，实现了事业经营从无到有的第一步。

司马懿可以说是老谋深算，吃一堑长一智，他与诸葛亮打交道算是没有白打。诸葛亮在西城城墙上操琴弄险时，戏称司马懿为"知音"，不想果成事实。三国中有不少遭受挫折后人们的表现，今天中国人常用"事后诸葛亮"来讽刺某些人事前没有考虑好，以致事情有了结果后，才说自己早知道是如此。其实三国中的"事后诸葛亮"故事并不多，颇有现实意义的是"事后周瑜"、"事后蒋干"、"事后曹操"、"事后司马懿"等，周瑜在吃了苦头后，总想着面子过不去，以致负气身亡。蒋干盗书致使曹操误斩蔡瑁、张允，却不知自己错了，又讨令去江东探听虚实，这次又把庞统引来献连环计，造成一错再错的结果。曹操遭受挫折后并不气馁，从赤壁战败退却途中几次大笑，虽然被孙、刘军截杀，从来没有失去重整旗鼓的信心。

司马懿与诸葛亮斗智虽长处下风，几陷绝境，却能老老实实承认诸葛亮才智比自己高，因此小心谨慎，步步为营，避免了许多损失。

锦囊妙计

1. 机会不是经常会有的，但来的时候一定要"看准"、"拿稳"。

2. 有幸得到了机会，就不要懈怠，竭尽全力把事情做到最好。机会如果不能够充分利用，想再翻身就未必能找到机遇了。

第十一 后手

持道御术，在别人的套路中反套路

小心"漏洞"被有心人利用

明白话

在许多场合，小心谨慎防止出现漏洞都是当务之急。这就是说，粗心的人只能换来粗糙的结果，会因被人利用而导致人生之败。

让我们看一些实例：

（1）该小心时小心，该谨慎时谨慎

为人处世当小心谨慎，不可张扬自己的欲望，尤其是对待权势，更是要有不贪之心，这样才能始终保持一颗平常心，才能安心做自己要做的事。

张安世是汉武帝官吏张汤之子，张汤由于执法严厉遭人暗算而死，死后身无余财，汉武帝十分怜惜，便提拔了张安世。他历经武帝、昭帝、宣帝三朝，为人谨慎，勤于政事，参与了废帝立帝等许多重大历史事件的决策，是朝廷重臣之一。大将军霍光死后，御史大夫魏相奏请以他为大将军，他一听到这个消息，十分忧惧，还未等朝命颁发，便求见汉宣帝，婉辞谢绝道："臣自量不足以当大将军这样的高位，恳请陛下哀怜，保全老臣的性命！"宣帝笑道："卿太谦让了，卿而不可，还有谁可呢？"终于未能辞掉。

158

一般人处于这样的高位，一定会志得意满，揽权怙势，骄奢淫逸，可张安世却如临深渊，如履薄冰，越发谨小慎微。每当与皇帝一起商量大政国策做出决定后，他便不与人言，等到政令颁布下来，他故作吃惊，还令属吏去丞相府打听，讯问详情，这样一来，朝臣之中竟没有人知道他参与了决策。

举贤荐能，是他的职责之一，但他从来都不让被举荐的人知道。有一个郎官，立了大功却没有升官，便向张安世自陈其功。张安世说："足下立了大功，明主自然知道，何必自夸呢！"

很快这个郎官便得到升迁，却不知道是由张安世推荐的。当有的被举荐者知道了内情之后来向他致谢时，他闭门不纳，而且再也不与这个人来往，以免结党营私之嫌。由于他的守口如瓶，还造成了一些误会。有一次，他的一个下属要调走了，他去征询意见，那个下属说："将军为陛下的心腹大臣，却不见推荐一个贤才，很多人对此有所不满。"

张安世也不辩解，只是说："贤明的君主在上，谁好谁不好，一目了然，臣下只要加强自我品德的修养便行了，何必等待别人推荐！"

在古代，大凡居官者，总要给自己的家人或子孙谋点福利的，张安世却不然。他的儿子为光禄勋，也是朝廷的近臣，张安世因父子俱处尊显之位，很是不安，便要求将儿子调出京城。他的哥哥张贺对汉宣帝有救命养育之功，侄子张彭祖小时曾与宣帝同席读书。宣帝即位以后，张贺已经死去，宣帝追封他为恩德侯，改葬坟茔，封彭祖为阳都侯，连张贺七岁的孤孙张霸也赐爵关内侯。张安世都一再辞谢，实在辞谢不掉，便只受其名而不要俸禄，交给国库的俸钱多达数百万。

张安世掌权而不揽势，居高位而不张扬，自我抑制，自藏锋芒，终于得以保全，成为西汉显贵最久的家族。

我们常问：为人处世为什么要小心谨慎呢？从上面的例子中就可知，一个人只有善于控制自己的欲望，才能够成大事。这种小心谨慎之道可以避开各种猜忌，可以让自己在功名权势面前心静如水，去寻求人生的大境界。有些人不善如此，故遭失败。

（2）防止踏进漏洞中去所谓漏洞，就是指因疏忽而出现的疏误之处。我们知道，事物发展往往有多种可能，既有好的可能，也有坏的可能。

我们办事情、想问题，应该立足于复杂的可能性的分析之上，从最坏处着眼、向最好处努力，千万不可掉以轻心、麻痹大意。防患于未然，这是聪明人的想法。

明朝洪武年间，郭德成做骁骑指挥。曾有一次进内宫，明太祖拿二锭黄金放在他的袖子里，说："只管回去，不要说出去。"

郭德成恭敬地答应了。等到他走出宫门的时候，把金子装在靴筒里，装出喝醉的样子，脱下靴子露出了金子。守门的人将这事报告给太祖，太祖说："是我赏给他的。"有人为此责备郭德成。

郭德成说："九重宫门防守得这样严密，暗藏金子一旦被发觉，岂不要说是你偷的？况且，我的妹妹在宫中侍候皇上，我进出皇宫不受阻挡，怎知道皇上不是以这个办法试探我呢？"众人听了，都佩服郭德成的见识。

宋仁宗无子，听韩琦等大臣的劝谏，立宗室之子为太子。不久，仁宗驾崩，太子即位，这就是宋英宗。宋英宗有病，下诏请皇太后一同处理军国大事，由于有的人挑拨离间，英宗和太后的关系不太好。

一天，太后给韩琦送来一封密信，说皇帝对她不孝顺，请韩琦"为媳妇做主"，还派了一名心腹之臣专门等待他的回话。韩琦读完信后说："我一定办。"

过了两天，韩琦寻了个机会，和英宗谈了这件事，说："这事千万不要外泄。您有今日，全是太后的支持，恩不能忘，虽然你们不是亲母子，如果您能尽力孝敬她，双方的关系就会融洽的，一切麻烦都会消失。"英宗说："我按您的意思办。"韩琦说：

"这封信，我不敢留下，已经秘密地烧掉了。这件事是极为要紧的，一旦泄露到外面去，恐怕那些别有用心的人就要借机生事、编造谣言了。"英宗深以为然。

从此以后，宋英宗和太后关系很好，外人一点也看不出破绽。

郭德成和韩琦，都是很有远见的。为防止意外事件的发生预先采取防范措施，稳扎稳打，步步为营，因而，总能立于不败之地。

历史上也有那么一些人，防范心理较弱，防范的措施和方法更谈不到，为此，吃亏上当，悔之莫及。孙策就是一个例子。

孙策是东汉末年的风云人物，占有江东全部领土。曹操和袁绍在官渡交战的时候，他与人谋划，袭击许昌。许昌是曹操的老巢，曹操部下听到这事，都很恐慌。郭嘉却说："孙策新近吞并了江东的土地，诛杀了当地的英雄豪杰，这是他能得到部下拼死效力的结果。可是，孙策遇事粗心大意，不善防备。虽然有百万之众，和孤身一人没有什么两样，若是有一个埋伏的刺客杀出来，他就对付不了。据我看来，他必定死在刺客匹夫手里。"孙策的谋士虞翻也因为孙策好骑马游猎，劝谏道："您指挥零散归附的将士，就能得到他们拼死效力，这是汉高祖的雄才大略呀！但您轻易暗地里出行，将士们都很忧虑。那白龙化作大鱼在海里游玩，就会被渔夫捉住；白蛇爬出山中，被刘邦斩杀了。这都是教训，希望您能谨慎些。"孙策说："先生的话很有道理。"

然而，孙策始终改不了老毛病。等到他出兵袭击许昌时，到了长江口，还没过江，就像郭嘉预料的那样，被许贡的门客所杀。

郭嘉、韩琦的远见卓识和孙策的粗心大意，在此得到充分体现。

锦囊妙计

1. 做人办事应当有预见性，防止顾此失彼。

2. 自我审视是必不可少的功课。要时常审视自己的身上存在哪些漏洞，因为有了漏洞，人生就会出现误区。

对任何人不要放下所有戒备

明白话

在《三十六计》中，有很多地方讲防守之道，其要义是不善防守，则会受人攻击。做人办事，同样也存在防守之道，例如，在实际生活中，有些人恩将仇报，对给过他帮助的人加以陷害、排挤。因此，要时时把"防一手"记在心头。

丁谓与寇准同是宋真宗时代的大臣，丁谓本来出自寇准的门下，是在寇准的荐举之下，才得以步步高升的，当寇准任宰相时，以他为副宰相，他对寇准显得十分恭顺，由于曾当众给寇准擦拭胡须，遭到寇准的奚落，他便怀恨在心。由于他的权位已与寇准不相上下了，翅膀已经硬了，既然寇准不给面子，他便联合了一帮人开始了对寇准的倾陷和排挤。

他利用他的姻亲钱惟演出面对宋真宗说："寇准与中外大臣相勾结，构成了一个人多势众的朋党；他的女婿又在太子身边为官，谁不怕他？如今朝廷大臣，三成有两成都依附于寇准。"

宋真宗便根据钱惟演的建议，将寇准的宰相免去，而以丁谓为宰相。

丁谓大权在握以后，找个茬，便将寇准贬了官，发落到外地任职，而且要他远离京师开封，永无还朝的希望。其实宋真宗对寇准还是很器重的，指示丁谓将寇准安排到一个小的州去任知州，让他磨炼磨炼，可丁谓却擅改圣旨，写道："奉圣旨任寇准为远小处知府。"有的大臣责问；"圣旨并没有说'远'字。"丁谓威胁道："你想擅改圣旨，包庇寇准吗？"他还倒打一耙。于是寇准被安排到安州（今湖北安陆一带）出任知州，一个月以后再贬为道州（今湖南道县一带），官职也降为一个小小的司马。

丁谓诚然是一个小人，但寇准也不是没有可指责之处，当他权势正隆时，豪气十足，全无城府，说话不管不顾，令对方下不了台。殊不知船无一路顺，花无百日红。政治舞台上的事情本来就是三十年河东，三十年河西。当你在最得宠信时，你要想到你会不会有失势的一天；当你在颐指气使时，你要想到下面那些俯首帖耳的臣属当中会不会有人脱颖而出，爬到你的上头。人无远虑，必有近忧，官场上的衮衮诸公，在得志时且不可得意忘形。

王安石在变法时，视吕惠卿为最得力的助手和最知心的朋友，一再向神宗皇帝推荐，并予以重用，朝中之事，无论巨细，无不同吕惠卿商量而后行，所有变法的各项内容，都是由吕惠卿拟写成文及实施细则，交付朝廷颁发推行。

但吕惠卿可不是什么正派人,他不过是投变法之机以捞取个人的好处罢了,对于这一点,一些有眼光、有远见的大臣早已洞若观火。司马光曾当面对宋神宗说:"吕惠卿可算不了什么人才,将来使王安石遭到天下人反对的,一定都是吕惠卿干的!"

又说:"王安石的确是一名贤才,但他不应当信任吕惠卿。吕惠卿是一个地道的奸邪之辈,他给王安石出谋划策,王安石出面去执行,这样一来,天下之人将王安石和他都看成奸邪了。"后来,司马光被吕惠卿排挤出朝廷,司马光离京前,一连几次写信给王安石,向他指出:"吕惠卿之类的谄谀小人,现在都依附于你,想借变法为名,作为自己向上爬的资本,在你当政之时,他们对你自然百依百顺。一旦你失势,他们必然又会以出卖你而作为新的进身之阶。"

可惜这些话王安石一句也没有能够听进去,当他在被迫辞去宰相职务时,觉得几年来吕惠卿对自己如同儿子对父亲一般的忠顺,能够坚持变法政策不动摇的,莫过于吕惠卿,便大力推荐吕惠卿为副宰相。

吕惠卿果然是一个狼子野心般的人物,王安石一失势,他立刻背叛了王安石。他要取王安石的宰相之位而代之,担心王安石会重新还朝执政,便立即对王安石进行打击陷害,先是将王安石的两个弟弟罗织进一件大案之中,假以罪名,贬至偏远的外郡,接着便将罪恶之手直接伸向了王安石。

吕惠卿的手段十分恶毒。当年王安石倚他为左膀右臂时,对他无话不谈,一次在讨论一件政事时,因还没有最后拿定主意,便写信嘱咐吕惠卿:"这件事先不要让皇上知道。"吕惠卿很有心计地将这封信留了下来。此时便以此为把柄,将信交给了皇帝,告王安石一个欺君之罪。这是一个极大的罪名,轻则贬官削职,重则坐牢杀头,吕惠卿就是希望彻底断送王安石。

像吕惠卿这样恩将仇报的凶险小人也实在是太可怕了。在实际生活中不乏这种人，当你得势时，他恭维你、追随你，仿佛愿意为你赴汤蹈火；但同时也在暗中窥伺你、算计你，搜寻和积累着你的失言、失行，作为有朝一日打击你、陷害你的武器。公开的、明显的对手，你可以防备他，像这种以心腹、密友面目出现的对手，实在让你防不胜防。

比较起来，吕惠卿还只是一个小巫，而宋神宗并没有因为吕惠卿抛出的重型炮弹而降罪于王安石。

锦囊妙计

1. 判断朋友的真伪，关键在于行动而非言辞；那些口头上甜言蜜语的人，实则距离真正的友情甚远。

2. "笑里藏刀"之人擅长以表面的友善与和蔼为伪装，用华丽的言辞和行为掩盖其险恶的居心和意图。这类情节在历史上屡见不鲜。那些口蜜腹剑者，或许就潜伏在你的周遭，甚至是你自以为最亲近的人之中。

不可刚愎，但务必要保持主见

明白话

"随大流"、"人云亦云"，是人性的弱点之一。心理学家将这种现象称为"从众效应",其特点表现为盲从。如果置身其中,即使有主见的人也容易受其感染而失去辨别能力。

人性的这一弱点,使得道听途说,飞短流长,造谣诽谤将永远与人类同在,"众口铄金","谣言重复一千遍就会成为事实"的骗局和人言可畏、流言杀人的悲剧将杳无止期。明白这一消极后果,局外人当众口一词之时,切莫盲从,须记住"耳听为虚,眼见为实"。

舆论的影响是巨大的,众口一词,能够把金属般坚固的事物熔化掉。谎言重复一千遍,也就变成了真理。

小人大都喜欢搬弄是非、造谣生事,他们的话大多是假的,或无中生有,或张冠李戴,或添油加醋,但是假话也可以乱真,甚至在某种意义上说,它并不假,其中的奥妙就在于是否有弄假成真的手段。

战国时有个军事家叫吴起,与孙子齐名,号称孙吴。现在讲兵法只讲《孙子兵法》,虽然吴起也有《吴子》一书,却很少有人知道,当然,这部现存的《吴子》是否真货也尚存疑。倒是吴起杀妻求将的故事,编入戏曲,流传颇广。真可谓"好事不出门,恶事行千里"。

吴起一生颇为坎坷。他是卫国人,曾拜孔子的弟子曾参为师,后来在鲁国做事。鲁国与齐国作战,鲁君想用吴起,但吴起的妻子是齐国人,因而有此疑忌。吴起为了表明心迹,便杀了自己的妻子,领兵大败齐军。但他又因杀妻求将,不见谅于鲁人,落得个残忍阴鸷的罪名,受到人们的嘲笑。于是吴起又杀了 30 多个诽谤他的人出逃。

后来吴起在魏国为将,为魏国立下了汗马功劳,深受魏文侯的信用。但是,待到公叔担任魏国相国时,吴起的命运便发生了波折。

公叔是韩国的贵族,娶了魏国的公主,靠这种裙带关系,不学无术的公叔居然也爬上了相国的高位。才疏学浅的人总是嫉妒有才干的人，公叔当然也不例外。虽说文韬武略不及吴起，但在小人伎俩上公叔却颇有两手。为了排挤陷害吴起，他精心安排下一条弄假成真的毒计。

吴起为人清廉，很爱惜自己的名声，公叔跑到国君那里讲"吴起是位贤人，但魏国是个小国，邻近便是强大的秦国，只怕吴起不一定肯长期留在魏国吧。"魏文侯问："那该怎么办呢？"

公叔乘机献计："可以试探一下吴起的心意。您把公主嫁给他。如果吴起想留在魏国，他一定愿意娶公主；如果他推辞，那就是不想留下了。"魏文侯听后感到确有道理便依计行事。公叔先行一步约请吴起到家中做客，公叔事先已同夫人串通一气，让她当着吴起的面故意对自己发怒，公叔则装作非常惧内，在老婆面前连大气也不敢喘。看到公叔身为宰相竟如此怕老婆，吴起心里真替公叔惋惜，什么样的女子不能找偏要娶个金枝玉叶！

不久，魏文侯派人向吴起提亲，让他当魏国的驸马。这在过去，吴起恐怕正求之不得。但此时吴起心中却立即浮现出公叔家中那令人心悸的一幕，为了免于步公叔的后尘，吴起婉言拒绝了魏文侯的一番美意。魏文侯还以为吴起有了异心，从此便冷落了吴起，不敢重用。吴起失去了魏文侯的欢心，只得离魏出走，投奔楚国去了。

公叔排挤陷害吴起，有一连串的环节，但最为关键的一环，便是离间魏国国君与吴起的关系。其方法便是在魏文侯心中播下怀疑的种子。这颗种子通过上述一系列精巧而琐碎的布置，以一种似乎确凿无误的事实呈现在魏文侯面前，使他相信了"吴起有去魏之心"的谗言。小报告弄到这种程度，真可谓"假作真时真亦假"了，用兵高明如吴起者，在这种小人面前也终于败下阵来。

本来没有的事，三弄两弄成了实有的事。但假的毕竟是假的，只要多留个心眼，眼观六路，耳听八方，多多留神，无论在哪一步，都可能挫败对手的阴谋。只要有一处挫败，事实就无法成立。事实无法成立，假就弄不成真。弄假成真的伎俩也就破解了。

汉景帝时，晁错为内史，很受景帝信用，提出过许多革新的建议。丞相申屠嘉因为晁错的建议触犯了他的利益，一直在伺机构陷。晁错的府邸在老皇帝太庙外空地上的短墙里，出入很是不便，于是晁错在矮墙南面开了两个门。申屠嘉借此大做文章，状告晁错擅凿庙墙为门，奏请杀头。晁错听到申屠嘉的图谋后，赶到申屠嘉之前，将真实情况报告了景帝。所以待到申屠嘉告状时，汉景帝只轻描淡写地说了句"不是庙墙，是庙外空地上的墙"，便否决了申屠嘉的小报告。申屠嘉回家后大发脾气，说："我应当赶在他的前面，现在他捷足先登，我反而被卖了。"晁错的机警，使他躲过了一次谗言的灾祸。

锦囊妙计

1. 谎言说得巧妙，也许就会被信以为真，道听途说便下定论要不得，做人做事要有自己的分辨能力。

2. 可见，为人处世不能因无主见而盲从，偏信他人，否则就会酿下祸根。

第十二　协和

把握相处的底层逻辑，打造高级关系

做人不要过于直爽

人们一向把直来直去的性格，作为一种美德，倍加赞赏。如果你随便问一位朋友：你喜欢什么样性格的人？他往往会回答：

性格豪爽、直来直去。人们称颂某人时，也往往说："他性格爽直，说话从不拐弯抹角，直来直去。"

我们的社会理应是个诚实、襟怀坦白的社会。人际关系中做到坦诚，不说假话，直来直去，你会结交许多朋友，作为一名务实者，在与人相处中，更应"有一说一，有二说二"，"当面锣，对面鼓"。

但是，在现实生活中，那种对别人提意见"直来直去"的人，却不能使别人满意。与"直来直去"办事原则恰恰相反，有人使用了"弯弯绕"的方法。

其实，每个人都需要自尊、需要面子。直来直去，实际上就是"不给面子"，使对方心中不快，以致造成双方关系破裂，反目成仇。事后想想，仅仅因为区区小事，非原则性问题而失去别人的赏识，真是毫无意义，后悔晚矣！

朱元璋称帝后，要册封百官，当他看完花名册时，功臣有数，但亲朋不少。封吧？无功受禄，群臣不服；不封？面子上过不去，一时很为难。军师刘伯温看出皇帝的难处，又不敢直谏，一来怕得罪皇亲国戚，惹来麻烦；二来又怕皇帝受不了，落下罪名。但想到国家大事，不能视而不见，最后，他想出一个方法，画了一幅人头像，人头上长着束束乱发，每束发上都顶了顶乌纱帽，献给了朱元璋。皇帝接过画，细品其味，忽然哈哈大笑："军师画中有话，乃苦口良药。真可谓人不可无师，无师则愚；国不可无贤，无贤则衰！"

原来，刘伯温画的意思是："官（冠）多法（发）乱！"刘伯温此举，不但未伤害皇帝，不犯龙颜，还道出了谏言：官多法必乱，法乱国必倾，国倾君必亡。画中有话，柔中有刚，也算是社交中一大"弯弯绕"，使听者懂得话外之音，达到预期的目的。

春秋时期，晋国国君晋灵公，奢侈腐化，不惜民力。有一年他下令兴建一座九层的高台。这需要大量的人力物力，无疑会给老百姓造成沉重的负担，使国力衰竭。因此，大臣和老百姓都反对建九层高台。但是晋灵公固执己见，并且在朝堂上严厉地对大臣说："敢有劝阻建高台的，立即斩首！"气氛十分紧张。一些想保全身家性命的大臣，都吓得噤若寒蝉，谁还敢说反对的话！

这时，有个叫孙息的大臣求见晋灵公。君臣见面后，孙息对灵公说："我能把九个棋子堆在一起，上面还能放上九个鸡蛋。"晋灵公听到这事十分新鲜，不相信孙息会有这么高的技艺，但是又急于一饱眼福。他说："我从未听过和见过这种事，今天就请你给我摆摆看！"孙息当然清楚，如果国君认为是欺骗了他，就会有杀头的危险。当晋灵公叫人拿来棋子和鸡蛋，孙息便动手摆了起来。他先是小心翼翼地把九个棋子堆了起来，然后又小心地将鸡蛋放置在棋子上。只见他放上一个鸡蛋，又放第二个，第三个……战战兢兢，如履薄冰。

这时屋里的气氛十分紧张、沉寂，只能听到鸡蛋碰到棋子的声音，围观的大臣们屏住呼吸，生怕鸡蛋落下来。孙息也紧张得额头冒汗。晋灵公看到这情景，实在耐不住了，上气不接下气地说："危险！危险！"晋灵公刚说完"危险"，孙息就从容不迫地说："我倒感觉这算不了什么危险，还有比这更危险的呢！""啊！"灵公惊讶地问道："有什么比这更危险的呢？"

孙息手里握着正要置放的鸡蛋，慢条斯理地说："建九层高台比这更危险，三年都不一定建得成，这三年之中，要征用全国的壮丁劳役，男不得耕，女不得织，国库空虚，户口减少，逼得人民活不下去，就会逃亡、谋反。邻国见我国弱民穷，就会兴兵犯境；如果国家灭亡了，大王您自己也就完了。这能说比不上摆棋子鸡蛋更危险吗？"灵公听到十分合理又十分可怕的警告，不由得吓出一身冷汗，对孙息说："搞九层之台，是我的过错。"立即命令停建正在施工中的九层之台。

下属有了某些合理的想法或者明了某一客观事实，如可能触犯上级，最好用含蓄地兜圈子的方式向上级提出来。

《晏子春秋》记载了这样一则故事：

有一次，齐景公问晏子："相国家离市场近，可知道市场上什么东西贵？什么东西贱？"

"怎么不知道呢？"晏子痛痛快快地回答。他想借机劝劝齐景公，把齐国的刑罚减轻些。于是，他一本正经地说："敬告国君，目前市场上价格最贵的是假脚，价格最贱的是鞋子！"

"真有意思，这是为什么呢？"齐景公对晏子的回答感到意外。

"吓！"晏子长吁一口气，凄楚地说："只因为现在刑罚太重，被砍去脚的人太多了，所以鞋子没人买，假脚却不够卖！"

"噢……"齐景公半天说不出话来，脸上露出哀怜的神色，自言自语地说："我太残忍了，我对老百姓太狠心了。"于是，第二天他向全国发出了减轻刑罚的命令。

聪明的人总是直话不直说，委婉地表达自己的意思。晏子如果直接向齐景公建议要减刑，不但达不到目的，而且很可能会引起齐景公的不悦，到头来事与愿违，后果也很难设想。

在日常生活中，在有些情况下，如果正面把事情的原委告诉对方，可能很容易伤对方感情，如果绕个圈子将自己的意见婉转地告诉对方，就可以避免伤了和气。比如，你楼上新搬来一位音乐家，这位音乐家经常练琴到深夜，影响了你的工作，而你和他接触交往不多，自然不好正面提意见，你可以告诉他，这楼板的隔音效果太差了。对方听了当然领会你的用意。

锦囊妙计

1. 做人，不狡诈，不绕弯子，不搞两面派，不违心做事，是必须提倡的。

2. 做事，应该懂得委婉，"直如弦，死道边，屈如钩，反封侯"这句话，还是值得借鉴的。

不要摆出高人一等的姿态

明白话

　　为人处世不可傲慢，摆出让人仰视你的姿态，这样你会把自己逼上绝路。大家知道，凡是有宠可恃的人，必然有某种资本：或者和权势人物有某种特殊的关系，或者立过什么大功，或者具有某种为权势者所赏识的特殊才能。但是，历代官场上的事情是三十年河东，三十年河西，有资格施给你恩宠的那个人是在不断变化的，或者他本人失去权势（因死亡，因下台），你所倚仗的靠山失去了，一切恩宠顿时冰释雪消；或者他的兴趣变化了，喜好转移了，你所倚仗的资本贬了值，你的恩宠也就衰弱了。

　　然而恃宠者在春风得意时，是想不到这一点的，他们恣意妄为，傲视一切，于是，为自己树立了一个强大的对立面，一旦时易世移，对手们群起而攻之，恃宠者不败何待！

　　所以，应该记住老子的话："生而不有，为而不恃，功成而弗居，夫唯不居，是以不去。"

　　张说是唐玄宗时的宰相，既有智谋，又有政绩，很得唐玄宗的信任，他也就恃宠而骄，目中无人，朝中百官奏事，凡有不合他的意的，他便当面斥责，甚至加以辱骂。他不喜欢御史中丞宇文融，凡是宇文融有什么建议，他都加以反驳。中书舍人张九龄对他说："宇文融很得陛下恩宠，人又有口才、心计，不能不加以提防！"张说轻蔑地说："鼠辈，能有什么作为！"

偏偏张说自己也不是无懈可击的人，他贪财受贿，终于被宇文融抓住了把柄，向皇帝奏了他一本，朝廷派人一查，还真是有那么回事。这一来张说神气不起来了，吓得在家待罪。当唐玄宗派宦官高力士去看望他时，他蓬头垢面，坐在一块草垫子上，一只粗劣的瓦罐中，盛的是盐水拌的杂粮，算是他的饭食，等待着朝廷给他的处分。唐玄宗知道了这个情况，倒颇同情他，想起他毕竟是有功之臣，便只撤掉了他的宰相职务，并没有另加惩处。

一个大臣恩宠正隆时，在处理人际关系时，常常表现为三种形式：对君上越发恭顺，以保其宠；对同僚排斥倾轧，以防争宠；对下属盛气凌人，以显其宠。这其实是一种很不明智的做法，这样一来势必树敌太多，使自己陷于孤立。这种人又常常只是将职位相同、权势相等的人视作对手，小心加以防范，而对职位比自己的低的人往往不大放在眼里，如张说所说的那样，"鼠辈，何能为！"这更是一种缺乏远见的作法，殊不知过了河的小卒还能制老将于死地，下属们造起反来往往最能击中要害。

金无足赤，人无完人，任何一位权势者都有自己薄弱的环节，不要因为一时的恩宠而忘乎所以，以为自己是一尊打不倒的金刚。

可是有人偏偏犯这样的毛病。

邓艾是三国时期魏国人，他原是一个给人放牛为生的孤儿，又因为有口吃的毛病，总也没能谋上个什么差使。后来由于一次偶然的机会，他遇见了司马懿，司马懿发现他并非寻常之辈，便委以官职，从此，他跻身于魏国的军界、官场。由于他出色的军事指挥能力，屡建奇功，官职一再升迁，从一个下级军官最后封侯拜将，成为魏国后期最为出色的将领。

公元 263 年，他奉命率师西征蜀国。蜀道之难，难于上青天，他不畏艰险，迎难而上，在穿行七百里无人地带时，沿途尽是不见顶的高山，不可测的深谷，粮食又已经用尽，军队几乎陷入绝境。邓艾身先士卒，亲自前行探路，有的地方根本无路可走，他便用毯子裹身，从险峻的山崖上滚了下来。就这样尽经险阻，走奇道，出奇兵，出其不意地包围了蜀国的京城成都，迫使蜀国的皇帝后主刘禅束手投降，刘备所开创的蜀国至此灭亡。

由于建立了这样的殊勋，朝廷下诏大大褒奖了邓艾，授他以太尉这最高的官衔，赐他以两万户最厚的封赏，随他出征的将官也都加官晋级。

邓艾因此居功自傲，扬扬得意地对部下说："你们要不是因为我邓艾，怎么会有今天！"又对蜀中人士说："要不是遇到我邓艾，你们恐怕早就没有性命了！"同时，给朝廷中执掌大权的司马昭提出了他对下一步行动的安排：虽然现在是乘胜攻吴的好时机，但士兵太疲劳了，可留在蜀中休整，并修造船只，做攻吴的准备；以优厚的待遇对待刘禅，封他为扶风王，其子也封为公侯，原有的部下也尽赏以钱财，以此表示对投降国君的优宠，来诱使还没有投降的吴国皇帝。

这样的事情，只有中央朝廷才能有权决定，因此，司马昭未置可否，只是派人告诉他："凡事应当上报朝廷，自己不得做主。"邓艾不听，依然坚持自己的意见，并当众宣言说："我受命出征，既然已经取得了灭国虏帝这样的重大胜利；至于安排善后的事情，稳定新降之国的局势，应该由我相机处理。蜀国的地理形势十分重要，应当迅速安定下来，如果什么事情都等待朝廷的命令，路途遥远，延误时机。古人说过：'大臣在离开国境之后，凡是有利于国家之事，有权自己做主'，现在是非常时期，不可按常规办事，以致失去良机。兵法上说，一个优秀的将领应该是：进攻不是为了追求个人的好名声，退却也不害怕承担罪责，我虽然还达不到这样高的标准，也不愿为了避嫌而损害国家的利益！"

邓艾的这一番话自然没有什么错误，但，对于一个手握重兵，远离国土的人来说，这种话不能不令人心生疑窦。与他一同出兵的钟会对他的大功本来就十分妒忌，便以此为把柄，诬告他有谋反之心；司马昭也担心他功高权大，难于控制，于是，一道诏书下来，将邓艾父子囚车押送京师，中途被仇家杀掉。

可怜耿耿忠心，70 高龄的邓艾，再也不会想到，当他建立殊勋之日，也正是他灭亡之时。

锦囊妙计

1. 人不能傲，傲必败！做人办事绝不能傲慢，傲慢者会招致更大的杀伤力！

2. 人要对自己有自知之明，不要强行去做自己能力之外的事情，得陇望蜀，往往一败涂地。

君子和而不同，要有换位思维

明白话

什么叫"换位观察"，即舍弃自己而站在别人的立场看问题。大家知道，兴趣爱好、经历学识相仿的人往往比较容易谈得来（也有例外），也容易看到对方的优点，甚至可能拔高他的优点。不同类型的人亲近程度有限，还可能产生排斥心理，贬低他的优点，夸大他的缺点。

从前有一个人遗失了一把斧头，怀疑被隔壁的小孩偷走了。于是，就暗中观察小孩的行动，不论是言语与动作，或是神态与举止，怎么看都觉得像是偷斧头的人。因为没有证据，所以也就没有办法揭发。隔了几天，他在后山找到遗失的斧头，原来是自己弄丢的。从此之后，他再去观察隔壁的小孩，再怎么看也不像是会偷斧头的人。

这个人就是以自己来度量别人，主观意识太强，把老实的小孩看成是贼。认定小孩是贼，因此越看越像贼。他心中认为小孩不是贼以后，再怎么看都不像贼。其实小孩本就不像贼，完全受主观心理所左右，这就是由于以己心度人而造成的识人错误。

以己观人的例子在中国历史上是很多的。就连三国时以"智绝"卓称的孔明诸葛亮也犯过这样的错误。他觉得自己与马谡情性相投，就夸大地只看列了马谡的优点，忽略了他的缺点而导致痛失街亭，使之北伐无功。

总之，通过"智子疑邻"的故事，我们还发现，以己观人的另一个缺点是以个人好恶为判断标准。这样的后果，往往造成巨大的损失，危害出现后才不得不壮士断腕。以个人好恶为标准，往往会拔高所喜欢人的优点，夸大所厌恶人的缺点，或是在喜欢时把他的缺点也当优点，一旦讨厌就贬得一无是处。这样识人自然会亲小人，远贤臣，搞得家不家，国不国，大好形势就因一念之间而被断送了。

汉武帝到郎署（汉朝官署名）巡视，遇见一个衣裳不整的白发老翁，问他："你叫什么名字呢？什么时候在此为郎（宿卫之官名）的呢？"

老翁答道："臣叫颜驷，在文帝时就在此为郎了。"

武帝又问："为何这么老了，仍在此当差呢？"

颜驷答道："文帝好文而臣好武，景帝喜好年老的而臣尚年少，陛下喜好年少的而臣已年老，因此历经三世都没有晋升的机会，只好一直在此当差了。"

假如文帝好武，景帝喜好年少，武帝喜好年老的话，颜驷一生的机遇必定大不相同。针对颜驷生不逢时，我们一方面感叹造化弄人，一方面深刻体会到个人好恶影响识人之深。

北宋的著名文人刘几几次殿试都可以取为第一，但由于喜欢出一些奇言怪语，令主考官欧阳修非常讨厌，因而几次都落选了。欧阳修在阅一份考卷时，读到一句话："天地轧，万物茁，圣人发。"说："此必是刘几的试文。"批道："秀才辣，试官刷。"朱笔一挥，刘几又一次名落孙山。数年后，又是殿试，题目为"尧舜性仁"。有一篇应试文写道："静以延年，独高五帝之寿；动而有勇，形为四凶之诛。"欧阳修大加赞赏，取为第一。列名单时，才发现是刘几的文章。大文豪欧阳修愕然良久，哑口无言。

以己观人造成的"识同体之善而失异量之美"的缺点，可能会形成这样一种结果：同类型的人集在一起组成一个公司，一个团体。这种团体无疑充满许多优点，特别是在事业发展之初，由于条件艰苦，待遇不丰厚，前途也不十分明朗，大家能够齐协力，不计得失，相互激励着前进。一旦事业发展起来，这种团体的局限就暴露出来了，特别是领导班子，其局限性可能会加剧，排斥异己力量，造成耳目闭塞，甚至会影响到事业的生存。耳目一闭塞，只能听到周围的声音，而失去了许多新的信息，或者失去许多与己不同的优秀人才，因此而丢掉的机会则不可计算。

决策者有必要考虑一下同类型人组成的团体在发展事业上的优缺点。由于是做事业，关系到众多人的命运和幸福，而不是搞活动，因此这一点不能被长期忽略。在王安石的变法过程中，乃至几十年后的章、蔡京一辈人身上，都是以重视法制的同类型人组成的领导集团，像苏东坡这样的中间力量则被贬谪到偏远山区作诗去。对苏东坡个人和中国的文化历史而言，多出了一个文学大家；但对当时的改革来讲，则是喜忧参半。同类型的人才被提拔到各个岗位，异己力量全被打击下去，结果不仅与王安石不同类的优秀人才部分地失去了，而同类中的邪恶小人因此得势而坏了改革大事，同时这种打击又四面树敌，给改革增加了许多阻力。

如果他们能以改革为龙头，重视法制的同时，又宽容为怀，大量吸取其他类型人才的优点，严厉与宽容并举，改革与循序渐进齐飞，不树敌太多，不急功近利，给人们以接受新事物的时间和心理准备，也许他们的改革会是另一个结果。这里从人才学角度看历史，对今天的社会不无借鉴意义。邓小平的改革能卓有成效，"循序渐进"四字是应该记一功的。

北魏节闵帝时期（公元 351 年），尔朱荣把持朝政，另一个大臣贺欢带兵攻打尔朱氏，以清君侧为名，因此能得人心，聚集了正面力量，最后功成，杀了尔朱荣一家。

尔朱荣的弟弟尔朱世隆在外省为将，招兵买马准备报仇雪恨。他的一个部将叫房弼，当时任青州刺史，是一员著名的猛将，对尔朱氏一家向来忠心耿耿。他招集部下，欲割手臂上的血为盟，以齐心协力、尽心尽力去帮助尔朱世隆。

都督冯绍基是房弼的助手，深得房弼的信任，对房弼献计说："现在天下大乱，人心不齐；要表现真诚之心，如果冒着严寒，割心前之血为盟，岂不是更能得天下人之心？"房弼是个血性之人，直肠子，将心比心，认为这个主意很好，就招集所有部下和当地老百姓，当着众人的面，在冰天雪地里，赤裸着上身，气壮声雄地叫冯绍基动手。

看着冯绍基微微发抖的手，房弼禁不住笑了，骂道："他奶奶个熊，抖个啥子！快动手，老子冷着呢？"冯绍基一鼓劲，举刀割向房弼胸前时，出乎意料地轻轻一推，就把房弼杀死了，带着人马投奔节闵帝。

对手下的人判断不准，把奸贼当忠臣看，吃的亏可大了。这对主管者来讲，不能不慎之又慎。

但在许多情况下，需要人，一时间又找不到合适的人，怎么办呢？总不能叫事业停下来等待人才吧？因此，主管者要学会去发现人才。往往正在身边的工作人员中有可成大器的人，只由于主管者对他们的熟悉，就以为完全知道他们的全部能力，完全了解他们的思想而不敢放到重要岗位上去，也因此不能培养出人才来。这种恶性循环会造成人才的青黄不接。如果在一开始，就注意人员结构的阶梯化，在人才结构不完善的时候，就考虑到人才的流动，积极留心潜在的替补人选，有意无意地培养他们（这类人才往往就在单位中）；一旦人才流动，就可以让早已有准备的人接手该工作，这样他不仅有知遇之恩，会努力地干，而且会迅速上手。

现在的社会变化为人才流动提供了广阔的空间，已不可能指望许多人在某个岗位或某个单位工作一辈子，因此主管者必须面对现实，充分考虑这个因素，并为之做好准备，以免到时手忙脚乱，造成损失。

以己心度他心的优点也有，但世人心思变化无常，忠厚之人以为他人也忠厚，往往落个农夫和蛇、东郭先生和狼的结局。好邪之人以为他人也好邪，因此处处防范着他人，虽然也会失去一些东西，但至少可以保证自己不上当受骗。因此，无论是主管者，还是被聘用者，害人之心不可有，但防人之心多少还是有一点的好。

以己观人的直接结果是能识同体之善，而难识别与自己不同类型的人。以小人之心度君子之腹就是一个脚注。许多人都以为自己会识别人才，原因就在于自觉或不自觉地中了"以己观人"的圈套。

锦囊妙计

1. 以己观人用在考察同类型的人才尚可，考察不同类型的人就显得智慧苦短、功力不够了。

2. 重视制度的人可能不相信道德教化的作用，智谋之人喜欢聪明权变的人，而可能轻视坚持原则、不善灵活的人。